当代语言学和翻译研究的关系探究

黎 静 著

吉林摄影出版社
·长春·

图书在版编目（CIP）数据

当代语言学和翻译研究的关系探究 / 黎静著. -- 长春 : 吉林摄影出版社, 2021.12

ISBN 978-7-5498-5249-9

Ⅰ. ①当… Ⅱ. ①黎… Ⅲ. ①语言学－关系－翻译学－研究 Ⅳ. ①H0②H059

中国版本图书馆CIP数据核字(2021)第276966号

当代语言学和翻译研究的关系探究
DANGDAI YUYANXUE HE FANYI YANJIU DE GUANXI TANJIU

著　　者　黎　静
责任编辑　李　彬
封面设计　晟　熙
开　　本　787 毫米 ×1092 毫米　1/16
字　　数　200 千字
印　　张　9.25
版　　次　2022 年 1 月第 1 版
印　　次　2022 年 1 月第 1 次印刷

出　　版　吉林摄影出版社
发　　行　吉林摄影出版社
地　　址　长春市净月高新技术开发区福祉大路5788号
　　　　　邮编：130118
网　　址　www.jlsycbs.net
电　　话　总编办：0431-81629821
　　　　　发行科：0431-81629829
印　　刷　北京宝莲鸿图科技有限公司

书　　号　ISBN 978-7-5498-5249-9　　定　价：58.00 元

前　言

语言学是研究语言的学科，翻译是基于语言的跨文化交际过程。正因如此，我们说翻译与语言有着密不可分的联系。作为译者，在努力学习翻译相关理论，不断进行翻译实践同时，还应积极关注语言学相关学科的发展，不断推进自身的发展，从而翻译出更多优秀的作品，为广大人民群众献出更多喜闻乐见的文化形式和文化作品。

21 世纪以来，随着研究视野的不断拓宽，人们意识到翻译已不再是简单的两种语言文字间的符号转换，而是一种社会文化情境中的交际行为。翻译已经成为新形势下的热点，各行各业对翻译的需求量越来越大，对翻译的研究也越来越深入。翻译研究已经脱离了源语和译语两种语言系统的静态描写，而是更多地向语言学的各个方向探索。

本书基于当代语言学和翻译两个方面，对其进行详细的探索，首先介绍了语言学的理论、语言学的创新；其次分析了英语翻译、英语翻译的理论与实践；最后重点探讨了语言学与英语翻译教学理论、语言学与英语翻译教学模式，以及认知语言学与当代中国的翻译教学等相关内容。

笔者在撰写本书的过程中，借鉴了许多前人的研究成果，在此表示衷心的感谢。鉴于笔者能力所限，书中难免有疏漏之处，望广大读者、专家不吝指教！

目　录

第一章　当代语言学的理论研究

第一节　英语语言学的形成史

随着世界经济一体化的完成，世界各国的联系越来越密切，英语作为一种交流工具，被我们广泛地使用。然而，这并不是目前才存在的现象。根据相关的数据与资料记载，英语语言学在发展的进程中，一直占有重要的地位。正是因为英语语言的全球化使用，各国人民的交流才能够越来越密切，货物的流动才能够越来越频繁，经济的发展才能够越来越繁荣；相反地，也正是因为贸易往来越来越顺利，英语语言才能够日益改进，越来越适合日常的交流。本节作者希望通过探析英语语言学的形成过程，重点阐释英语语言对于人类交流的重要性。

一、英语语言学的初期发展

1564 年，多雨的伦敦诞生了一位伟人，我们尊称他为“莎翁”。这位“时代的灵魂”，在他 52 年的岁月之中，留下了 37 部戏剧与大量诗歌。这些戏剧深受各阶层人民的喜爱，在 17 世纪初，莎士比亚的戏剧传入北欧各国，不仅对他国的戏剧创作产生了重要的影响，还推动了英语语言学在他国的传播，促使各国知识分子对英语语言的学习。这便是英语语言学最初在世界的推广。

除此之外，在 17 世纪末，英国凭借较为完善的航海技术与工业革命，国力水平大幅度提升。但由于发展过快，资金供应不足，英国采取了殖民扩张政策。通过侵略其他国家与地区，以达到自身的财富资金补给。与此同时，英国还对殖民地进行相应的同化政策，迫使被殖民者学习英语，并逐渐废除被殖民地的语言，将英语作为当地的官方语言。这一行为，更是极大地推动了英语语言的传播与使用。

19 世纪，英国文学史上出现了两位巨星，他们分别是拜伦与雪莱。这两位文学家创造了大量的文学作品，从此，学者不再只是研究英语语言的语法现象与语言规律，他们更多的是注重英语语言的社会表达与人文联系。

二、现代英语语言学的发展进程

英语语言学的现代发展是从世界大战开始算起的。英国凭借着“一战”的战胜国与“二战”的反法西斯身份，在国际社会中获有重要的国际地位，英语语言从此成为国际交流语言。为了促进经济的发展，各国将英语语言逐步规划为学习的对象，并逐步扩大学习的人群与学习的范围。英语语言迎来了一个发展高峰期。1957 年,《句法结构》一书的出现更是在世界掀起了巨大的学习浪潮。每一位学习者以掌握标准的英语语法与伦敦口音为傲。从此，英语语言学不仅仅是注重传播与交流，更多的则是提升了英语语言学本身的价值，将英语语言融入人们日常的交流交往中，推动英语语言的改进与发展。可以说，在现代英语语言学发展中，人们已经不局限于原先的强制性学习，而是将英语作为一种世界性的交流工具，主动去学习英语。

三、其他语言对英语语言学的影响

在国际事务中，英语形成较有影响力的语言经历了一个比较漫长的过程，在此期间经济发挥了至关重要的作用。其一，英语语言学在历史和社会的发展过程中已经形成了固定的文化成果，单纯靠经济因素来改变已经不具备主观条件；其二，无论是汉语还是其他语言，对于取代英语在经济交往中的作用在理论上是可行的，但是对于英语语言学的社会影响而言，不具备在人文学和社会学的角度上替代的环境；其三，多语言并存的局面才能更为有效的提炼和总结民族文化，英语语言学对文化的产出作用要大于对经济的产出作用，二者不能用等量数值来直接转换。基于此，任何一个语种的发展和进步，都能够对英语语言学的发展起到推动作用，但是如果要想全面否定英语语言学的社会作用显然主客观因素都不完全具备。

沟通对于人类来说非常重要。正是因为沟通的存在，人类才能够维系正常的日常活动与社交关系，才能够不断进步与发展。而人类的发展又是由于语言的统一才得以维持，由于各地的人民通过一种语言进行沟通，才能够推动贸易的往来与经济的发展，从而推动各国的文化交融，提升各国人民的知识储备与信息往来。由此可见，英语语言对于国家来说是多么重要。根据相关的数据与资料记载，英语语言主要经历了两种阶段，一种是英语语言学的初期发展。在这一阶段内，我们可以看到由于英国的急速发展与扩张，英语语言也作为附属之物传播到各国之中，被强制学习或用于文化扩张。而在第二阶段内，我们可以看到英语语言学已经成为一种有价值、有内涵的语言体系。由于英国经济体系与世界地位的确立，英语语言被各国作为一种交流的工具而投入学习之中，从而成为世界语言。

第二节 英语语言学研究的多维视角

随着全球化进程的加快，英语作为一门全球通用型的语言，成了交流沟通的基础。而近年来，我国对英语语言学的研究也开始逐步加深，并且对英语专业的人才培养也越来越重视，因此，我国相关学者及教育人员对英语语言学的研究逐渐呈现多维化，通过跨学科的多维视角对英语语言学进行研究，深入了解英语中蕴含的内涵与规律，使得英语的学习与应用在我国能够得到更深层次的推进。

语言作为文化的载体，它既是外国或外族人员了解本地文化的钥匙，又是将本地文化的魅力对外展示的途径之一，对于每一个拥有自己语言的国家或是种族都有着重要的意义。而随着时代的发展，英语作为全球化交流的重要工具，被更多的人接触和了解，并且英语语言学也成了很多英语专业学生的基础必修课程之一。因此，为了更好地掌握这门语言，越来越多的学者通过多维化的视角对其进行研究，不再局限于简单的交流沟通，而是立足于历史文化、发展过程和当今政治等多学科对其进行深入的探究，以寻求英语语言学规律，使英语在我国的应用及教育更加深入且更加符合当下时代发展的要求。

一、立足于多维视角，对英语语言学进行研究的可行性

语言作为人们沟通和交流的媒介，通过人们的沟通和交流得到不断的发展，并且在这一过程中，它与历史文化、政治、经济发展越发密不可分。英语作为一门全球通用型语言，越来越多的学者开始对其语言学进行研究，但由于研究的范围一直局限于基础的语言、单词、语法等方面，导致研究始终无法深入，未能获得更有利于时代发展要求的成果。因此，当下应该跳出对于英语语言学常规的研究方向，转换研究思维，利用多维化的视角，从和语言相关的文化、经济、政治等各个方向出发，将英语语言学与实际生活相互联系以寻求更深入的结果。

回顾近年来英语语言学发展的进程，英语虽然是一门起源于英国的语言，但由于全球化进程的发展，英语不再局限于英式英语或美式英语，更为有趣的中式英语（Chinglish）、日式英语（Japlish），甚至于川式英语也进入了全球的视野。英语语言学越来越多元化，曾经被我们当作笑话来讲的“Long time no say”（好久不见）现在已经被《牛津大辞典》正式纳入，“People mountain people sea”（人山人海）“Let me see see”（让我看看）等也被外国人收入常用语范围之中，因此证明，立足于多维视角对英语语言学进行研究是十分有意义的。

当前所处的全球化发展时代，人们对知识的学习不仅仅需要拥有全球化的思维，日常生活也会变得更为全球化，致使多个学科、多种生活习惯都会有所关联，因此，要求相关

学者脱离固有的思维方式以寻求更深入的研究结果。另外，英语语言学本身就不能脱离人类的活动及行为独立存在，如果不考虑外部环境对英语语言学的影响，是无法使研究有所推进的。

二、立足于文化学，对英语语言学进行研究

语言是文化的载体，英语语言学也是外国文化的载体，董亚芬教授曾说过“任何一种民族语言都是该民族的重要组成部分和载体，语言材料中的篇章、句子，甚至每个词无不包含着本民族的文化信息”，因此立足于文化学，对英语语言学进行研究是非常合理的，并且在外国学者眼中这种观念已经非常常见了，只是在我国还并未得到足够的重视。

国内外的语言学家研究表明，语言作为一种符号，根据一定的规则进行组合之后会反映出相关国家或民族的社会观、价值观及民族观，且无论任何一个语言体系，本身它就是过去的人们按照自身文化约定俗成的结果。以汉字的研究为例，表意字作为汉字的起源，从画图和实物记事慢慢发展为了甲骨文，甲骨文既是象形字也是表音字，被认为是中国汉字的第一种形式。英语语言在演变和发展方面也同样如此，英文字母源自拉丁字母，而拉丁字母可以追溯到腓尼基字母，通过对几十个象形字字母化而形成。汉字和英语同样都是文化的载体，只是文化之间的差异性要求我们不能望文生义，应该对英语语言在民族文化上的一些固有的习惯进行了解。就像是英语中本应该表达色彩的“blue”（蓝色）常被用于情绪忧郁的表达，更或是“A cat has nine lives”从表面上翻译为猫有九条命，但实则是泛指某人或某物的生命力很强。

除此之外，在对任何一个国家或民族的语言进行研究和应用的时候，还有一点不可忽略就是要与当地文化联系密切。尽管现在已经有非常多的学者或是教育从业人员对于英语语言禁忌进行研究，但也仅仅存在于表浅的单词、语法等方面，没有对产生语言禁忌的原因进行了解。并且由于语言禁忌是存在时间性和地域性的，还会因为性别、场合、年龄等原因产生差异，因此要求相关学者不能脱离实际生活进行研究，不然得到的研究结果是非常抽象的。

三、立足于政治学，对英语语言学进行研究

语言与政治的关系是非常密切的，一方面因为人们需要通过语言对政治进行表达，另一方面是因为政治地位与政治立场不同，现在随着各国之间的沟通与交流变得更为频繁，英语作为通用语言，相关学者在对英语语言学进行研究时，一定不能脱离国际政治关系。

在英语语言学的研究中发现，因为政治需要，英语的使用常会模糊和委婉，并且由于不同时期的政治立场及主张的变化，在语言表达之中也有所变化。因此若我们只是单纯地从语法、单词上对语言进行研究和表述是完全不够的，还需要从政治学方面出发进行差异的区分，使研究结果更具合理性和准确性。

四、立足于哲学，对英语语言学进行研究

有学者表示，世界上所有的语言学都是建立在相应的哲学观念基础上的，任何语言都具有自己的语言观，并且在当代许多哲学家的研究中还以语言为中心，建立了哲学分支，如语言哲学等，以对语言进行逻辑研究。另外还有许多西方哲学家表示，我们的行为和思想均被语言所引导和贯穿。因此，在我们对英语语言学进行研究时，也应当从哲学的角度出发，即语言仅是一个载体，它所表达的实际意义并不是字面上那样，更多包含的是语言所承载的价值观、世界观、人生观。如果单从字面上的意思去理解，这对英语语言学的研究是很难深入的。语言对于哲学来说仅仅是一种载体，其背后实际上反映的是当时社会的伦理道德和现象以及世界观和价值观的传递。因此，从哲学方面理解英语语言学有助于当代教育的推行以及研究的深化。

语言学作为一门领先科学，既是人们交流的媒介，也是政治、经济、文化的载体，对于社会的发展起着重要的作用。而英语作为一门被广泛应用的语言，随着全球化的发展，各国对英语语言学的重视程度及教育普及程度都越来越高，为了我国能够更好地掌握这门全球通用的重要语言，以获得国际交流沟通的基础条件，相关学者在对其进行研究时，更应该具有多维视角，从政治、文化、哲学等多个方面跨学科探讨，通过拓宽眼界以寻找新的深入点并获得更加深入的研究成果。

第三节　英语语言学语音和词汇

随着社会的发展，英语在发展的过程中出现了一些变化，这些变化主要集中在语音和词汇方面。语言的变化发展只有在长期使用和发展过程中才会被慢慢发觉，一些适应社会发展的新特点也会被越来越多的人认可。英语是国际上较为通用的语言，不同国家在使用英语的过程中会融入本国语言的特点，这在很大程度上促进了英语语言学的变化。

任何事物都不是一成不变的，尤其对于语言来讲更是如此。使用英语进行沟通的主体越来越多，英语应用的范围越来越广，那么英语在被使用的过程中必然会因为国家和地区经济、文化、社会发展的不同需求而做出改变。随着不同国家英语使用者表达的需求和社会发展变化的要求，英语的语音和语汇方面也发生了一些变化。

一、英语语言学的语音变化

英语在被应用的过程中出现了较多的变化，尤其是语音方面变化较大。如今很多专家都从语音的进一步演变来对英语语言学的发展变化进行具体研究。

（一）语音发生了变化

不同国家和地区的人们在使用英语进行交流沟通的过程中会结合相应的语言表达环境，在具体交流的过程中经常会因为某种特殊场合或者因素的影响，在英语词汇中增加元音或者辅音。语音方面出现这样的变化在很大程度上与人们的表达方式和语言习惯有关系。

（二）元音发生了变化

从 15 世纪开始，中古英语就开始逐渐朝着现代英语的方向发展。其发展变化最鲜明的特点就是元音发音的舌位有较大改变，开口的程度相应缩小。比如，元音 [e] 的发音，舌整体向前移动了较多的位置，同时发音的时候口型相对缩小。元音 [a] 发音时舌位也向前移动不少，同时舌位也提高了一些。元音和双元音很大程度上也发生了一定的变化，在这一时期双元音的发音相对固定下来。元音在发展变化的过程中很大程度上促进了中古英语长元音的进一步调整，这种变化使英语拼写方式和单词发音逐渐分离。西方国家在对英语发音进行具体研究的过程中，发现在英语发音演变的过程中单元音发音出现了很大的变化，舌头的位置处于口腔的正中间并且位置相对下降，如这一时期的 [I] 发 [i] 的音，[v] 发 [u] 的音。这个发音的明显特点被后来的很多英语语言学家称为元音发音居中化。

（三）语音缺失

语音缺失表现在以下两种情况：第一种情况，英语语言在发音的时候，部分使用者将第二个元音进行省略而着重强调第一个元音，在具体发音的过程中双元音和三元音就容易变成单元音。第二种情况，在具体发音的时候如果出现了一些元音附着在另外一部分元音的后面，那么此时附着的元音容易被省略。在个别多音节单词发音的时候如果元音夹杂在两个辅音之间，这个元音也有可能被直接省略，此时就出现了音素脱落的现象。语音方面出现缺失的原因是在英语语言表达过程中出现的，出现这样的情况很大程度上跟人们日常的发音习惯有关系。对一部分语音进行省略可在不影响表达意思的前提之下更好更快地传递想要表达的具体信息。

二、英语语言学的词汇变化

英语词汇在英语语言发展的过程中出现了很多方面的变化。英语词汇变化在很大程度上受地区文化差异和人们行为习惯的影响，在人们语言表达的过程中一些习惯用词会相对固定下来。词汇的变化和具体的语言环境及文化环境都有较大的关系。不同地域的英语使用受众在使用英语进行表达的时候，经常会根据周围的具体情况和特定的语言表达习惯对词汇进行修改，在长期使用和会话的过程中以一定的形式流传开来。

（一）合成词语的出现

合成词语其实就是将意义和形式上比较类似的英语词汇进行组合再造，这样得出的一个新词汇就是人们通常说的合成词。合成词的意义在很大程度上已经不同于原来词汇的意义，甚至一些合成词的意义和组合之前的词汇意义具有天壤之别。比如，将 water 和 melon 进行结合就形成了 watermelon 这一单词，从意义上来讲由原来的水和瓜组合以后变成西瓜。从这个例子来看合成词在一定程度上和原有资源有一定的联系。再如，将 black 和 man 结合，就形成了 Black-man 这一单词，从意义上来讲由原来的黑和人就变成了现在的布莱克曼的名字。这样就直接出现了本质上的变化，与之前的意义完全不同。

（二）紧缩词语的出现

紧缩词语，顾名思义就是将两个或者多个单词进行重新压缩组合，主要是指将两个单词的特定部分进行系统有机再造形成一个新的词汇，如 breakfast 就是由 break 和 fast 这两个单词进行组合的；smog 就是通过 smoke 和 fog 进行组合而形成的一个新单词；bookshop 就是将 book 和 shop 组合在一起形成的新词汇。

（三）委婉语的出现

由于不同国家和地区的风俗习惯以及语言表达方面的差异，人们在使用英语交流沟通的过程中经常会遇到一些语言方面的禁忌，如果在语言表达的过程中不能省略这些词语，那么可以用其他的词汇暂时代替，这样英语中的委婉语就出现了。如一些地方的人们用 sleep forever 代表人的生命终结，用 took him 来代表某一个人因为坠机失去了生命，这些隐晦的表达可以体现对不同国家和地区的风俗习惯以及表达习惯的尊重。

（四）词汇创新现象的出现

社会在发展进步的过程中容易出现各种各样的新事物和新现象，人们要对这些新事物和新现象进行准确的描述和表达，就要对英语词汇进行适应性的改变。鉴于这样的现实需求，在英语语汇中就出现了很多为适应社会发展变化而出现的新单词。尤其是第二次世界大战以后各国经济发展较快，再加上科学技术和现代多媒体信息技术的快速发展，很大程度上促进了词汇的创新。很多新词汇在这一时期大量涌现，如 computer game（电脑游戏）、environment expect（环境保护专家）、anti-pollutionist（反污染分子）等。

（五）缩略词的使用

随着社会节奏的不断加快和人们生活方式的不断改变，英语词汇在变化的过程中也出现了缩略的现象。缩略词在本质上就是将一部分比较长的词汇进行压缩从而形成了一个新的英语单词。这个新形成的英语单词较为简短，在具体书写和表达的过程中可以起到省时省力的目的，同时又非常清晰地表达了词语的意思。如将 bicycle 压缩为 bike，这样就可以在很大程度上简洁方便地提高表达效果，便于交流沟通。

（六）感情色彩的变化

英语词汇方面的变化也体现在感情色彩的表达中。由于部分国家和地区人们表达习惯的不同，一些词汇在感情色彩方面出现了相应的改变，一些贬义词在应用的过程中有可能被当作褒义词来使用。如 shrewd 在古代英语中代表着一个人不怀好意，但是在现代英语中却是十分聪明的意思。除此之外，还有一些词语原来是褒义词或者贬义词，但是在当今英语词汇表达中却变成了中性词，这种现象也较为常见。

（七）词意发生了改变

英语这门语言经历了1500多年的发展历程，在具体发展演变的过程中很多词汇在词意方面发生了较大改变，这种改变和社会经济的发展有较大的关系。如Honey原来是蜂蜜、蜜糖的意思，现在经常把它当作爱人之间的昵称；lady本来的意思是女主人，但是在现代英语中经常将其用于礼貌称谓之中。

当今世界英语的应用地位不言而喻，在国与国交流沟通的过程中英语发挥的作用也越来越重要。英语在发展的过程中会随着社会经济、文化需求以及人们语言表达习惯的变化而做出相应的调整，这是社会发展变化的具体要求，更是人们交流沟通便捷性的现实需要。

第四节　英语语言学学习策略分析

英语语言学作为一门基础课程，对于英语的学习尤其重要。这门课程通过分析语言现象之间的联系和规律，让学生深入了解英语语言的特点、结构和规律，再充分利用相关的理论知识来提升学习能力。英语语言学作为一门偏理论性和学术性的学科，对学生而言具有一定的学习难度，为了帮助学生更好地掌握相关知识，必须采取相应的学习策略，提升学生的学习兴趣和学习能力。本节首先分析英语语言学的学习现状，对其中存在的诸多问题进行细致分析，进而论述学习英语语言学的重要意义，从而为英语语言学学习策略的具体分析提供理论指导。

一、英语语言学学习现状

（一）英语语言学在英语教学中的定位

英语语言学能够充分提升学生的逻辑思维能力，作为一门课程在教学过程中还能更好地培养学生的语言素养。英语作为一门语言，蕴含了深厚的文化背景和独特的风俗习惯。和汉语有着较大的差别，这导致学生学习过程中问题的出现。语言学理论的抽象性和语言实际具体运用也不相符，怎么有效化解这种差异性，让学生更容易接受相关知识理论，是开展英语语言学教学工作中首要的问题。要充分转变传统的应试制教育观念，致力于提升学生的逻辑思维能力，开展素质教育，培养学生将理论性知识运用于实践过程中的能力。

（二）英语语言学学习中所遇到的问题

首先，在当前我国开展的英语语言学教学过程中，很多教师自身具备的知识储量不是很充分，所采用的教学方式和所秉持的教学理念也十分陈旧。在教学过程中只重视对学生专业知识和理论知识的灌输，缺乏实践性指导；在考察阶段也以学生的考试成绩作为唯一评判标准，久而久之就导致教师将教学重点放在提升学生考试成绩的工作当中，忽略了学生的学习状况，以讲授型教学方式为主，不能充分发挥学生的主观能动性。其次，教学过程中与实际的结合远远不够，教学内容缺乏实用性。语言学作为一门抽象性学科，理论繁多，但课时远远不够，导致教师在教学过程中为了赶进度，不能对知识进行细致深入的讲解，更不利于学生深入了解，导致学习过程中出现更多难题。

二、英语语言学学习的重要意义

（一）有利于培养学生学习英语的能力

英语语言学作为一门研究英语的课程，能够在对英语这门语言进行深入分析的基础上，使学生充分了解相关知识，充实学生语言知识体系。在掌握相关知识理论的基础上，学生能够更加轻松地掌握英语知识，强化学生的英语学习能力。

（二）有利于培养学生的思维能力

在学习英语的过程中，学生不仅需要具有良好的语言学习能力，还必须掌握一定的人文学科知识和其他知识，对学生而言也是一种考验。学生在学习英语语言学的过程中不仅能够掌握一定的理论内容，还能形成更好的学习习惯，对理论性强的学科也会逐渐提高自己的学习能力，培养自身良好的创新能力和逻辑思维能力。英语语言学是一种对语言特征、结构和规律进行深入剖析的学科，能够充分提升学生的思维能力，开阔学生的视野。

三、英语语言学学习策略分析

在提升学生学习英语语言学效率的过程中教师的引导极其重要，因此要致力于提升教师的教学理念，充分发挥每个学生在学习过程中的主观能动性。英语语言学作为一门理论性极强的课程，理清思路、分门别类是十分关键的环节。

（一）肢体运动学习策略

英语语言学教育者一直以来都十分重视理论知识在教学过程中的传授，学生在学习过程中充分发挥自己的听力和视力，但仅仅通过听觉和视觉很难从根本上理解相关知识，提升学习效果。因此，要充分提升学习效果就要借助肢体运动的学习策略。教师在教学过程中可以引导学生进行角色扮演，在轻松愉悦的教学氛围中提升学生的学习兴趣，加强课堂互动性，保证教学质量的提升。

（二）协作学习策略

在英语语言学教学过程中，教师应当更加关注对于学生协作能力的培养，在学习的过程中引导学生加强合作关系，在相互交流的过程中彼此学习，提升学习兴趣。在良好外部环境的支撑下，学生也能够更加积极主动地参与学习，成立自己的学习小组，通过小组的形式加强合作，形成良性竞争。

（三）构建全方位的英语语言学学习目标

在学习英语语言学之前要充分认识到学习的作用和意义，调动有关方参与谈论的积极性，发挥国家人才战略的导向性，根据英语专业的相关特色和学生的学习现状，制订相应的学习策略，制订阶段性目标，让学生根据自己的情况开展学习，教师也要充分尊重学生的多样性，保证教育工作落实到位。及时找出学习过程中所出现的问题，提出适当的解决策略。以教师的指导为基本方向，不断强化自身的学习能力，一步一个脚印，掌握更多的知识。

第五节　英语语言学教学方法研究

英语教学中语言学作为一门基础性的课程，一直都是英语教学老师比较关注的。教学方法是英语语言教学取得成功的关键点。本节主要研究英语语言教学方法，分析现有的英语语言教学方法及其存在的问题，从而探究合适的英语语言教学方法，提升学生的学习效果，促进英语语言教学的发展。

英语语言学是英语教学中的必修课程，对提升学生的语言学习能力和创新能力具有重要作用。该课程的理论知识点相对较多，难度比较大，属于理论思想课程，这就加大了英语语言教学的难度。并且教学内容相对单一等问题使得英语语言教学的成效很低，因此探究合适的英语语言教学方法势在必行。

一、英语语言教学方法现状分析

作为英语教学中的必修课程，英语语言学的教学方法一直都受教师的普遍关注。英语语言学理论知识多并且知识内容相对抽象，学习的过程又是外语教学，从而加大了英语语言学的学习难度。在英语语言教学中，探索出合适的教学方法是教学老师追求的目标。现在的教学方法具有如下特征：

（一）传统教师授课，学生听课为主

在现有的教学中，老师一直都处于主动教学地位。在授课过程中，老师讲授英语语言学的理论知识点，学生主要在课堂上记录老师讲授的知识点，并且记忆。这种教学方法使教师和学生之间的互动很少，不能更好地满足学生创新性和自主学习的需求，在一定程度上影响了学生的学习效果。在被动接受理论知识的学习过程中，学生对于语言学的思考将会降低。在现有的课程教学中，加强学生的思考能力十分重要。比如，在教学过程中，针对一个语法知识点，老师只是传授理论知识，让学生记忆而不是让其举例思考，那么学生

对于这个知识点的掌握就难以达到预想的效果。

（二）教学内容单一

英语语言学作为英语教学中的重要内容，属于理论教学的课程，具有一定的教学规律。但是在现有的教学方法下，教学内容比较单一，难以满足现有的教学需求。教师授课以教材为主，而教材理论知识点多，内容相对深奥，学生对其接受能力相对较低。教学内容十分单一，难以满足学生的学习需求。

（三）语法记忆难度大

英语语言学习中最重要的是英语语法的记忆，但是对于学生来说这是一个比较头疼的问题。在教学过程中，英语语法的学习主要是靠学生记忆来进行的，但是如果掌握不了记忆方法会很难进行。比如，informative，duality 等这些词要记住十分麻烦，不能掌握很好的记忆方法将会降低学生的学习效率，那么探究合适的语法记忆显得尤为重要。

（四）教学评价体系不完善

检验老师的教学效果主要依靠教学评价体系来完成，教学评价体系主要是学生在学习过程中，对老师的教学方法来进行评析，老师评价学生的学习效果和态度从而促进教学方法的改进。但是在现有的教学环境下，教学评价体系相对不足，主要表现在老师仅仅是看学生的考试成绩，对于其他素质的了解不够深入。因此，探索出合适的教学评价体系对英语语言教学具有十分重要的作用。

二、改进英语语言教学方法的探析

英语语言教学方法现存的问题严重阻碍了英语语言教学的发展，因此改进现有的英语语言教学方法显得十分重要。老师要针对自己在教学过程中发现的问题并结合自己对教学的思考，提出以下的方法来促进英语语言教学的发展。

（一）共建师生和谐学习氛围

英语语言学由于其理论知识多，内容相对深奥，教学方法比较呆板，因此在教学过程中，应该积极建立师生和谐的学习氛围，从而提升学习的效率。在教学过程中，应该改变传统的老师纯讲授知识点，学生被动接受的现象，要鼓励学生积极思考，融入课程中，做学习的主人。比如，在教学过程中，老师可以带动学生做课堂小游戏或进行情景对话练习，或进行英语单词拼写比赛或者是词语接龙，或在小短剧中让学生进行情景练习从而加深对文章句子的理解，体会文章的思想情感。和谐的课堂氛围可以提升学生对英语语言学习的兴趣和加快英语学习的速度，这对英语语言教学具有一定的指导意义。

（二）建立理论框架学习

英语语言的理论知识点相对较多，因此建立一个系统的理论框架学习显得十分必要。英语语言学注重逻辑，在教学过程中如果不能形成系统的框架，那么在学习的过程中学生对英语语言的学习只能在脑海中形成零星的碎片，难以形成系统化的知识点，难以取得理想的学习效果。词有音、形、义，因此对具体的英语学习掌握这些音、形、义十分重要。在教学过程中，老师首先要根据学习的内容，在教学的第一章或者第一篇的时候以图的形式把文章的内容形成一个理论知识点，这对学生在接下来的学习中提升学习兴趣具有十分重要的作用。接着讲授语言的分支，让学生了解到语言的产生、传播和接受的过程，然后进行不同的语音分类，了解整个过程，那么学生对语言的理论知识将会更加容易接受。

（三）发展术语记忆方法

英语语言学习中记忆占有比较重要的地位，在英语教学过程中，探索出适当的记忆方法对学生英语语言的学习十分重要。英语语言中，术语占据了很大的比重，并且英语语言中术语相对难以理解和把握，在学习中如果单纯依靠死记硬背去记单词和语法，学习效率将会十分低下，并且会使学生失去对英语语言学习的兴趣。在实际教学中，我们可以采取术语记忆方法，在某些单词中寻找联系，从而促进对单词语法的记忆。比如，记忆 informative，duality 等单词，这样看是属于一个比较难的词汇，但是这些单词与一些简单的单词具有关联性，如 inform（information），dual 等，在掌握后面的单词之后对前面单词的学习会十分容易。因此，在英语语言学教学过程中，加强学生的术语记忆方法对学生语法、单词、语言的学习具有十分重要的作用。

（四）建立多元评价体系

教学评价体系在教学方法中占有重要的地位，教学评价体系对提升教学质量和学生的教学兴趣比较重要，因此建立多元教学评价体系势在必行。在英语语言学教学评价中不能仅仅是参考学生的期末考试成绩，还应该从多方面来进行评价，如学习的积极性、学习过程中的参与性和学习态度等。只有从多方面因素来进行考评才能发现现有的学生的学习情况。多元教学评价体系改变了传统的教学过程中只重结果不重过程的思维模式，从多方面对学生进行考量，从而对于学生的学习兴趣和学习效果进行评估，做到因材施教提升教学效果。并且，在教学评价中，还应该重视学生对于教师的评价，学生通过对教师在教学过程中方法和能力的评价，可以反映出学生对老师的态度和学习的态度，从而改进教师的教学方法，提升教学质量。多元教学评价体系的运用对促进现有的教学质量和教学方法十分重要。

（五）联系抽象语言与具体实例

英语语言学具有丰富的理论知识点，传统的教学方法下，老师主要传授具体的英语理论知识，很少结合现实中的具体案例来进行分析，从而导致学习与实际相脱离。因此，在英语语言学的学习过程中，把英语语言学的具体理论和具体的实例相结合，能让学生更好地掌握英语语言学。

（六）引导学生积极思考

在传统的英语语言学习中，对学生的个人思考培养相对较少，主要是要求学生具有较强的记忆能力和学习能力。在学习的过程中，老师应该以培养学生的积极思考为重点，进行练习。教学中思考能力的培养有助于学生在今后遇到难题的时找到合适的解决方案，从而促进问题的解决。其实，不论是在英语语言的教学中还是在其他课程的学习中，思考能力的培养都是十分重要的。

由此可见，英语语言教学方法的改进有利于提升学生的学习能力和创新能力。根据自身的教学经验提出改进措施，这对英语语言学教学具有十分重要的作用。在教学过程中，应该以学生的主动性为基础，建立合理的理论框架，建立多元的教学评价体系等来完善教学方法从而在师生间建立和谐的学习环境，在师生的共同努力下，解决教学方法存在的问题，优化教学模式，展现英语语言的魅力。

第六节　高校英语语言学的课程改革

英语语言学是各个高校英语专业学生的必修课程，然而这门课的实际教学效果并不是十分令人满意。分析我国高校英语专业英语语言学课程的开展情况以及教学中存在的问题，根据本课程的特点，依托教学改革的大环境寻求改革高校英语语言学课程的方法和路径，希望能够为高校英语语言学的课程改革提供思路。

我国从 20 世纪 80 年代起开始在高校英语类专业中开设英语语言学课程，是英语类专业的必修课程之一。开设此门课程的主要目的在于通过该课程的学习，让学生能够基本了解前人在语言学研究中的丰硕成果，以期提高学生对语言的多元化认识、培养其探索空间、提高其理性思考能力，全面提升利用语言学对人文、社科诸多学科的认识能力。然而，英语语言学在高校的英语专业教学实践中却面临着种种问题，课程目标难以实现。目前来看其主要原因首先是受到功利主义思想的影响，许多师生认为这门课程对于学生毕业就业的影响较小，不如英语的听说读写能力重要，因此忽略了对该门课程的深入探索；此外，在教学研究领域，对英语专业专业课的探讨较少，主要集中在基础能力的教学研究，而忽视了对理论教学的研究，导致了该门课程的开展缺少理论指导。

然而，培养优秀的综合性人才是本科教学阶段的主要任务之一，对于英语专业学生来说，缺少专业理论的培训，无论对其进修深造还是从事与专业相关工作都有着非常重大的影响。因此，高校英语语言学课程改革势在必行。但是，目前针对本门课程的改革进度相较于其他基础课程来说还比较慢，而且主要局限在一些重点的师范类和外国语言类院校，没有在高校中普遍展开。因此，本节讨论的重点将放在英语语言学的课程改革上，寻找一条可供参考的改革路径。

一、高校英语语言学课程中存在的问题

本门课程主要包括英语语言学的几个重要分支，如语音、语义、形态、语位等；同时本门课也会涉及语言学在诸多学科，如哲学、心理学、计算机科学等学科中的应用。因此，内容比较冗杂，而且教学难度比较大，在教与学的过程中对师生双方都造成了许多问题：

（一）对课程认识不足

对于语言学这一概念，学生也很难清楚地理解其范畴，同时也很难通过感性认识了解到该门课程的重要作用。而且，大多数英语专业的学生还是认为学习英语主要是提高其听说读写译的能力，而忽视对学科理论的学习和培养。而且，面对庞杂的学习内容，学生在学习中也很难提高学习兴趣。

（二）课程内容庞杂、课时不足

目前我国大部分开设该门课程的学校都采用的是北大胡壮麟教师编写的《语言学教程》一书。该本教材虽然学术功力深厚，然而由于其包含几乎语言学绝大部分内容以及语言学所涉及的众多相关学科，内容量非常大，理论体系繁复，教与学都提出了很高的要求。在课时分配上往往不如基础课程那么多，所以课堂中教师要花更多的时间在课本的讲解上，难以发散教学，导致该门课的教学往往成为纯理论的课堂，学生的兴趣和课堂效果都难以得到提高。

（三）教学方法落后

与许多理论性课程相同，我国大多数院校的英语语言学课堂基本上是教师的纯理论宣讲，而学生主要是记录、理解老师所讲授的内容。纯理论教学的主要问题在于缺少与实际的相结合，一方面导致学生对于课程的理解不够深入，另一方面大大影响课堂氛围，降低学生的学习兴趣和效率。

（四）培养目标有偏差

大多数英语专业学生在学习本门课程时的主要目的是完成必修课程，他们将更多的精力投入英语使用能力的培养和应对专业英语考试中，只有一部分有继续深造需求的学生才会更加认真地学习本门课程。也就是说，在大多数学生的理解中，他们并不能从该门课程的学习中获益。这也是目前教学功利化大环境下，许多学科和课程都会面临的普遍性问题。

二、高校英语语言学课程改革探析

（一）转变教学理念，重视学生的主体地位

教学理念的转变是课程改革的正本清源之举。在教学活动中必须明确学生的主体地位，教师主要是引导和辅助学生完成学习目标，学生通过课堂学习进一步探索学科内容，

实现能力的获得和提升，才是目前课程改革最重要的目标。在传统的观念中，教师往往是课堂的主宰，学生处于附属地位，这种观念不利于激发学生的主观能动性，也不利于其对所学知识的理解和运用，降低了学生学习的积极性。教师要学会在教学中转变观念，加强师生之间的沟通与互动，在传授知识的同时，更需要注重学生的接受情况，及时获得学生的学习反馈，不断优化升级课程安排，与学生进行有深度、持续的双向交流，使学生的主体地位得到体现，以促使英语语言学这类理论性较强的课程可以在师生互相探讨中达到教学目的。要提升学生的主体地位应该要做到：

第一，教师应当营造一个活跃的课堂气氛。良好、轻松的课堂氛围可以让学生更加主动地、积极地学习和探讨问题。第二，教师要加强与学生的交流，要认真听取学生的发言和对课程的意见，尊重学生的表达，培养学生在课堂中的主人翁意识，让学生在学习理论知识时成为理论的探讨者和总结者，成为课堂的主人。第三，要鼓励学生提出问题。作为一门内容繁杂的课程，学生在学习英语语言学时必然会经常产生疑问，此时教师要想各种办法让学生提出问题，不能让学生带着未解决的问题继续学习。因为作为理论类课程的语言学，如果在基础理论还没有了解的情况下，引入更深层次、更多学科的内容，必然会让学生在学习时面临更大的困难。因此，必须要培养学生提问题的良好习惯，教师在准备课程时也要针对多种问题做好课堂预案。第四，引入小组学习。学生分小组，相互讨论，得出结论，再互相交流，教师从中引导并总结，这是最能引起课堂思维碰撞的方法，也能提升学生的主体感。

（二）注重理论的语例恢复

英语语言学有其固有的特点，也就是对语言的高度概括和解构要深入了解该门课程的内容必须让理论回到语言环境中去，因此，要强化理论的学习就是要强化对于语例的理解和研究。一般说来，语言是源自日常生活本身，看似高深的语言学理论也有其生活的本体支撑，在教学过程中要重视将概括性的理论恢复到语例中，这样一方面能够让学生了解到语言学理论形成的过程，另一方面也可以加深其记忆，为记忆提供生活环境的联想载体。

比如，我们讲述合作原则有四个准则，即数量准则、质量准则、关系准则和方式准则。因为这里提到的四条准则非常明确，会让许多学生认为这是一种必须遵守的语言规范，然而生搬硬套这种规范来指导语言实践时就会发现这样说话的方式是非常奇怪的，既不符合我们平时的语言习惯，又不能完全准确地表达语义。所以，我们更应该将理论恢复到语例中去，通过众多的语例事实来强化理论的正确性。这不仅能增强理论的活性，同时也为学生带来了一个思考的范式，让他们在学习这门课程时有良好的思维逻辑，从而使得这门理论性课程更加具有生命力。此外，这种教学办法也会让学生更加主动地在生活中积累语例，丰富其感性材料。

（三）增强教学过程的趣味性

英语语言学课堂的信息量一般比较大，教学的量和难度都会让教师在教授这门课程时产生很强的紧迫感，从而造成灌输式教学的结果。这种对理论知识的灌输会让课堂缺少活力，学生也提不起学习的兴趣。因此，提升教学过程的趣味性，可以很好地提高课堂效果，满足教学目标。

增强课堂趣味性的方法有许多，如课件中加入更多图片、讲授时模仿和分析各种方言、寻找现代语言中的一些有趣的语言示范例子等，总体目标在于缓解灌输式教学所带来的压抑的、缺少活力的课堂氛围，增加学生的兴趣，同时也能引导学生更深入地探索语言学所研究的内容。

（四）采用多媒体教学

随着我国对教育的投入越来越大，许多高校都具备了多媒体教学的条件，利用现代的教学方法和多媒体技术相结合，可以大大提升英语语言学的教学效果，增进师生的互动，培养学生的探索能力。

多媒体教学可以通过音频、视频的方式向学生展示该门学科的权威专家和前沿研究者的研究成果，让学生不仅仅了解理论的内容，更能够让学生体会到理论总结的过程；此外，可以通过多媒体手段来展示不同地区的英语语言习惯，从中讲解其包含的共同的语言学特征；或者利用多媒体教学向全体学生展示分组情况下各个讨论组的讨论内容和结果；多媒体教学还可以通过对人体发声器官的展示，向学生演示在发不同音时所用的人体器官的图像，帮助学生理解发声规则。运用这些多媒体手段不仅仅能活跃课堂气氛，还可以培养学生观察生活和总结规律的能力，提高他们对这门课程的兴趣。

（五）优化教材

目前我国高校使用的英语语言学教材大多数是全英文编写，而且内容过于抽象，不便于学生理解记忆。建议该门学科的研究者和任课老师在总结课堂实践的基础上，根据英语语言学的学科特点，补充辅助材料，完善和优化教材内容，让授课教材更加贴近学生的学习能力和生活。此外，引入更多的前沿研究和交叉学科研究，作为附录或者补充阅读材料，提升该门课的宽度。此外，在教材编写中注重分组教学、实践教学的需求，优化教材内容安排，便于课堂使用。

本节通过对高校英语语言学课堂中所面临的问题的总结分析，提出了对英语语言学进行课程改革的一些切入点，在教学实践中还需要更多地去优化和完善。然而，最重要的是了解英语语言学这门课程的特殊性，深化理论课程的教学研究，使得英语语言学这类理论课程更受学生欢迎。

第七节　英语语料库的英语语言学

英语语料库对进行英语语言学的研究具有重要意义，语料库的建设常常通过课题的形式进行，但现阶段相关人员对英语语料库的应用效果尚不理想。因此，需开展多学科的综合研究，将不同的语料库按照标准进行整合，将英语语言的理论分析和语料数据分析充分结合，在构建“英语＋其他语言”语料库的基础上开展英语语言研究，强化对英语语料库翻译和口语等领域的研究，以提高对英语语料库的应用效率。

一、语料库以及语料库语言学的相关概念

语料库以及语料库语言学是英语研究中经常用到的概念。语料库，顾名思义，就是将语言存放起来的“仓库”。但是该“仓库”并不是将语言要素进行无次序的堆放，而是将语言中所包含的信息按照一定的标准进行保存的重要资料库。语料库中的语言在社会交际中经常使用，其存储的方式通常要依托两方面的信息技术，即计算机的最新技术和数据库的最新技术。运用这些技术对语言进行加工，最终将加工后的语言收入到该语料库中。这一语言资料库的主要用途就在于方便语言学科的基础研究以及广泛运用。

语料库语言学的研究以及发展经历了很多个阶段，最早的阶段是以小型为特征的语料库，收录了百万个词汇，而且将重点聚焦在语言应如何进行研究。之后的阶段是以大型为特征的语料库，在这个阶段中，计算机技术已经开始在其中得到应用，使得语料库的建设以及发展更加具有技术含量。在这个阶段，语料库中所收录的词汇为千万个，其研究的重点也集中在语言应如何运用。在第三阶段中，语料库建设以动态为主要特征，规模上也从千万个词汇提升到上亿个词汇。语料库注重编码体系的建设，具有标准的同时更加规范。当前已经进入第四阶段，即以电子网络为主要特征。该阶段和计算机、大数据等技术的发展同步，在语料库的建设上和计算机进行了对接。而且当前语料库中的内容是能够更新变化的，具有非常广阔的搜索空间。

我国从 1980 年以后开始对语料库语言学进行研究，重点从三个方面进行研究：首先，重视中介语的语料库建设，为了方便我国学习其他国家的语言，在语料库建设上将其他国家的语言作为一门重要的中介语引入语料库。其次，重视汉语言和其他语言的匹配。汉语言不是孤立存在的，而是和其他国家的语言互相融合的，所以在建设语料库时要重视汉语言和其他国家语言之间的匹配。最后，建设与教学相关的语言语料库。我国对语言学进行研究时，非常重视其在教学领域的发展，通过建设语料库，对教师教学以及学生学习都具有较大的帮助，目前教学类的语料库已经成为我国语料库语言学教学和研究的重要方面。

二、英语语料库研究的主要特征

（一）以英语学科的学习者作为主体

在以英语为母语的国家中，英语语料库无论从建设上还是从研究上都具有颇多的成果。我国的英语学科建设研究起步比较晚，在英语语料库的建设上缺少优势。英语国家除了重视词汇上的语料库建设外，还非常重视对英语背后蕴含的文化的研究，我国的学生在学习

英语时，一方面对英语进行有效的运用，另一方面对英语这一学科进行研究，英语文化的研究在英语学习以及研究中所占的比例相对有限，所以，我国当前的英语语料库建设主要是将英语学科的学习者作为主体的。

（二）语料和英语考试密切相关

我国当前的英语语料库建设是以高校和科研院所为主导的，参加英语语料库建设的人员中的大部分都是学校教师等科研人员，他们搜集和提供的英语语料主要来源于学校中的英语考试，考试中所涉及的词汇往往是学生在学习中所应当掌握的词汇，在进行词汇、语法等语言学研究时，也大多来源于考试中所涉及的词汇。除此之外，我国学习英语这门学科的主体也都集中于学校的学生，这些学生对英语学科的掌握程度，特别对英语考试的适应程度能够为语料库的建设提供思路。所以我国在英语语料库建设上和各种英语考试有着密切的关联。

（三）语料库的建设常常通过课题的形式进行

我国的一些高校在进行英语语言学研究时，将语料库的建设作为一项重点内容，常常是以课题形式进行申报，希望获取相关的资助，从而推动语料库的建设和研究。但从实际情况来看，由于科研项目在申报审批以及管理等方面还存在着一定的不足之处，以至于课题在推进过程中，前期是非常重视建设的。随着项目的推进，对语料库的维护还不够，甚至有的英语语料库在基本建成以后就没有再进行维护。这些英语语料库基本上处于荒废的情况，在登录相关的网站后，网页中的一些内容不能有效运行。

（四）英语语料库的应用效果不够理想

英语语料库建设的主要目的是在英语语言学中得到应用。尽管有的高校对英语语料库建设非常重视，但是这些语料库能够面向大众进行开放的比例比较低，很多英语学习者虽然对英语语料库有着较大的需求，但是由于某些原因，无缘和该英语语料库“见面”。另外，英语语料库的建设横跨了两个学科，即计算机学科和英语学科，需要这两个学科在技术和内容进行搭配。但是有的英语语言学的研究人员对计算机的操作还不够熟练，无论是在英语教学上还是实际应用上都没有将研究成果利用起来，这样就将英语数据库“束之高阁”，没有和英语语言学的研究有效融合。

三、基于英语语料库的英语语言学研究的发展趋势

（一）语料库中所具有的容量将不断扩大

随着英语学科容量的扩大以及学习内容的加深，语料库的容量也将不断地扩大。首先，学生所学习的词汇量将会越来越多。从课程改革的情况来看，英语学科每一次教学改革后，其所需掌握的词汇就会加大，所以在建设语料库的时候，就要按照教学目标的新要求，将语料库中的容量不断地扩充。其次，英语所掌握的英语学科内容也要在语料

库中得到进一步的体现。学生所掌握的不仅仅是英语词汇，还有语法以及英语语言背后的文化知识，所以无论是英语语言学的研究还是语料库的建设，在英语的学科内容上都会不断地扩大。

（二）英语语言学的学科综合性将不断增强

英语语言学主要研究的是英语学科的相关理论知识。在英语语料库建设的引导下，特别是英语语料库和计算机等信息技术结合紧密的情况下，未来英语语言学的研究也将会不断打破传统学科研究的束缚，让英语语言学的研究在以英语语料库作为基础的前提下，涉及新技术、新媒体等其他领域。在语料库和其他学科之间联系越来越广泛的情况下，英语语言学的研究也将和计算机学科等其他应用学科相结合，从而使得研究具有综合性和科学性，学科的建设也向综合性学科迈进。

（三）专业英语语言的语料库将会增多

在英语语言学不断发展的情况下，在学科建设上从宏观上的英语语言学向微观上的英语语言学进行倾斜，专业英语领域将会在英语语言学的应用上具有较大的空间。而且从学科的研究上来看，现在的英语语言学研究越来越重视微观层面的研究，对专业英语研究的范围将不断扩大。在专业英语的建设和研究不断扩大的情况下，与之相配套的专业英语语料库还比较单薄，现有的专业英语语料库已经不能和专业英语的研究需求相匹配。因此，在未来的英语语言学研究以及应用上，建设专业性比较强的英语语料库将成为趋势。

（四）英语语料库将在英语语言学的教学研究中发挥作用

英语语言学除了就英语语言本身进行研究之外，其研究的着眼点很大程度上放在了英语教学领域中。但是就目前英语语料库的发展程度来看，英语语言学在教学领域中的应用力度还不够大，即英语语言学的研究成果在教学领域中进行转化得还不够多。随着英语语料库建设的不断加深，英语语言学的研究成果将会更加丰富，而英语语料库的建设也将与英语教学研究更加密切，在教学领域中的研究成果将会进一步拓展。

四、基于英语语料库的英语语言学研究的有效策略

（一）开展多学科的综合研究

英语语料库的建设除了在形式上接受计算机等学科的成果外，在内容上也比较多样化，如英语语法、英语心理等内容。正如上文所述，英语语言学在未来的研究中将更加凸显其综合性，所以在开展英语语言学的研究时，可以从多学科的角度进行研究。一方面，英语语言学的研究可以借鉴英语语料库中的丰富内容，以此为基础来拓展英语语言学中微观的研究领域；另一方面，英语语言学也可以将研究的成果不断充实到英语语料库中，使得英语语料库不断完善，从而给英语语言学的进一步拓展研究提供素材。

（二）将不同的语料库按照标准进行整合

现在很多学校都在英语语言学的研究上加强英语语料库的建设，但是英语语料库实际投入的比较少，而且标准不够统一，占用网络等技术资源，没有发挥作用的英语语料库浪费了大量的资源。因此将语料库按照相关的标准进行整合已经成为英语语言学发展的一个重要的方向。要对语料库进行规范化的建设，明确语料库的建设标准，学校在进行语料库相关课题立项时，要在支持的同时强化管理，确保语料库在按照标准进行规范化建设的同时，还能够得到精心的维护。除此之外，学校、科研院所等要加强合作，将建设好的语料库进行资源上的整合，整合过程中要处理好其学术成果专利等问题，做到在不侵犯学术成果的前提下，按照相关的程序进行语料库的有效整合，对不同英语语料库中的内容进行去粗取精，不断优化英语语料库中的内容，从而为英语语言学的研究提供更加精确的英语“数据”。

（三）将英语语言的理论分析和语料数据分析充分结合

在英语语言学的学科研究中，有两种研究方式是经常使用的。一种研究方式是英语理论研究，从词汇、句式等语言学要素的角度对英语语言学进行分析；另一种就是对语料库中涉及的相关数据进行分析，从数据的角度来对英语语言学进行研究。这两种研究方式在英语语言学的研究中都具有重要作用，同时也都具有一定的不足，前者着眼于语言要素本身，容易出现理论性较强、应用性较弱的现象；而后者则更具有实践性，但是在理论性上则相对较弱。因此在英语语言学的研究中，要将语言理论分析和语料数据分析有效结合起来，建立一种新的研究方式，以英语语料库为基础，对其中的语料采用理论分析和实践分析的方式，既注重理论研究也重视实践探索。

（四）在构建“英语＋其他语言”语料库的基础上开展英语语言研究

英语虽然是国际上的通用语言，但是在实际的语言交际上还有其他的语言，这些语言同样在国际中具有重要的地位。在传统的英语语言学研究中，常常是将英语和汉语之间进行比较，所建立的语料库也是以英语和汉语之间的联系为纽带的。随着英语语言学研究的深入，要开展“英语＋其他语言”的语料库建设，而其中的“其他语言”不仅仅指的是汉语，也要包括我国学生学习的其他外语。在推进相关语料库建设时，可以将英语和其进行“比较”式的研究，这样可以博采众长，吸收其他语言的研究方式，对英语语言的研究方法进行深化，同时也增加英语语料库的扩容量，更好地进行英语语言学的微观研究。

（五）强化英语语料库翻译、英语语料库口语等领域的研究

目前对于英语语言学的研究来说，由于我国在该学科的研究起步比较晚，所以研究的程度还不够高，尤其是在英语翻译、英语口语等方面的研究还相对较弱。从学生的学习情况来看，英语翻译和英语口语往往是其学习英语的薄弱环节，有的学生仅能够应付英语考试，而对英语翻译、英语口语等专业性较强的内容则掌握不够。因此英语语言学的研究要

针对英语翻译、英语口语等领域，建立英语翻译的语料库、英语口语的语料库，广泛搜集翻译、口语的相关素材，用英语语言学专业的视角将这些语料库运用起来，从这些素材以及中国学生的学习现状出发，探索适合我国学生掌握英语翻译以及口语要领的规律，从而找到解决问题的钥匙，将研究成果运用到实践中，对英语语料库的建设以及英语语言学的研究都将起到深化作用。

在英语语言学的研究中，要重视英语语料库的建设，而且要以英语语料库作为研究的基础。随着英语语言学学科的发展，对英语语言库有着更高的要求。英语语料库在建设上要按照相关的标准加以推进，特别是在英语语言学发展的新形势下，进一步完善英语语料库的功能，实现英语语料库的多功能、多样化建设。英语语言学的研究要与语料库的建设紧密相连，不断扩大英语语言学的学术研究成果，使我国的英语语言学研究取得突破性的进展。

第二章 当代语言学的创新研究

第一节 西方文学理论与英语语言学

文学理论与语言学之间存在着密切的联系，文学理论是语言学内容的直接体现，语言学的发展也深刻影响着文学理论的发展。本节介绍西方文学理论的概念和发展历史，分析西方文学理论与英语语言学之间的内在关系。

一、西方文学理论概述

西方文学理论是指研究有关西方文学的本质、特征、发展规律和社会作用的原理及原则的一门学科。文学理论历史悠久，不同的时代，处在不同社会背景下的人对相同的文学作品会有不同的评价和品读心得，因此文学理论研究工作也从未停止过。西方文学理论研究是思想的对话，在一定程度上促进了文学的繁荣与发展。

西方文学理论研究始于古希腊时期，柏拉图和亚里士多德是当时比较具有代表性的两位学者，他们对文学艺术有着不同的看法，提出了不同的研究理论。在古罗马时期，最具代表性的艺术家兼文学理论研究者是贺拉斯和朗加纳斯，他们基于古希腊时期的文学理论提出了新的观点，并在浪漫主义文学方面取得了重要成就。中世纪出现了以基督教理论为代表的文学艺术，提出了评判文学艺术的新理论。文艺复兴时期以法国的新古典文艺理论为代表，新古典文艺理论主要是为了维护封建君主制度。20 世纪的西方文学理论出现了鲜明的兼容并蓄的特点，试图引入其他学科的观点和方法，获得自身的独立性。这时的文学理论往往将作者的生平事迹、文学作品的创作背景作为研究的出发点，对作品的语言文字等进行细微的研究，即强调作品阅读过程中的后结构主义。

文学理论的现代意义出现于 20 世纪中期，在这一时期，英语世界的文学批评受到了结构主义语言学家索绪尔的影响。新批评家与受到欧洲学界影响的形式主义者认为，自己的抽象实践具有一定的理论性。但直到结构主义广泛冲击英语学术界之后，文学理论才成为一个独立的研究领域。

英美学界中，文学理论最受研究者喜爱的时期是 20 世纪 60 年代末到 20 世纪 80 年代。在这段时间里，文学理论研究被认为是最新潮的研究工作，多数大学的文学系都试图开展文学理论教学和研究，并将其编入课程中。但一些文学理论只是昙花一现，其主要文本的语言也极其晦涩，难以理解。

到了20世纪90年代初，虽然文学理论已经进入大部分文学研究资料之中，但文学理论本身的热度却逐渐下降。从这一时期起，关于理论之于文学研究的价值的争议逐渐消失，文学与文化研究课题的讨论也不再针锋相对。少数学者在著作中大量使用理论，其他学者则很少提及理论，但理论在文学研究中的重要地位已经被大家认可。

二、西方文学理论与英语语言学之间的联系

文学是语言的艺术，文学作品的内容及形式是人们进行文学理论研究的基础。根据学者对文学语言的不同观点，西方文学理论可以划分为两个流派——科学主义流派和人本主义流派，前者注重理性思维，强调研究的客观性和科学性；后者注重以人为本，重视人的个性与心灵活动。英语语言学也是对语言的内容及形式进行研究，研究范围包括语音学、句法学、语义学、语用学、社会语言学、心理语言学、应用语言学和人类语言学等。由此可见，西方文学理论与英语语言学之间的联系非常密切。下文将从形式主义对西方文学理论的影响、文学语言学批评与西方文学理论的联系两个方面进行探讨。

（一）形式主义对西方文学理论的影响

最初，语言学与文学理论的联系源自形式主义对文学作品的研究。形式主义将文学作品看作作者意识之外的现实，也就是说文学作品与作者的创作意识之间没有必然的联系。文学作品在形成过程中往往受到诸多因素的影响，如作者的情感及意识、作者的人生遭遇、社会发展背景等，而形式主义往往将这些因素与作品分离，专门研究作品的内在发展规律。在对文学作品本身进行分析的时候，形式主义喜欢将社会意识形态及社会发展因素的影响排除在外，只研究文学作品的创作技巧与语言结构。借助这种纯粹且相对封闭的纯文学性分析，形式主义者认为文学作品内部有着自身的联系和发展规律，外部的社会环境的改变对文学作品的影响并不大。形式主义者这种对文学作品纯艺术形式的探讨和研究，逐渐将西方文学理论引向偏重于语言学的研究方向。有语言学家提出了一个观点，即“语言具有历时性和共时性的特点”。历时性即指读者阅读时与文学作品之间存在的历史间隔；共时性则是指读者的审美意识能够将历史上具有形式上的审美价值的作品汇聚起来，使它们超出历史的限制。语言共时性的研究侧重于对一个特定时期内语言系统中各个组成部分之间的逻辑关系以及语言结构所代表的人类心理因素进行研究，而语言的历时性研究则侧重于语言成分在不同时期的连续性和替代关系。形式主义重视对语言结构成分进行细致的分析，而文学作品的语言是文学理论研究的基础，可见两者之间有内在联系。

（二）文学语言学批评与西方文学理论的联系

西方文学理论在研究过程中采用了语言学的一些价值观念，用语言学的研究方法来对文本的意义进行研究，以寻找文学内在的规律，求证文学不受外界环境影响的特征。这一

研究方向被称作文学语言学批评。文学语言学批评是从语言学的角度来研究文学的，其研究对象分为确定性和不确定性两个方面。确定性研究针对的是研究对象的共性，然而语言作为文学的载体和客观事物的表达符号，本身就存在不确定性，因而文学话语批评也存在不确定性。而受语言学影响产生的文学语言学批评则表明在西方文学理论中语言学有着重要地位，两者联系紧密。

三、西方文学理论与英语语言学之间的相互影响

西方文学理论是以具体的英语语言来表现的，而作为语言学科的英语语言学，其研究的对象也离不开渗透特定文化的具体作品。可见，两者之间具有非常密切的关系，在发展过程中相互影响，共同进步。

（一）英语语言学对西方文学理论的影响

西方文学理论在发展过程中借鉴了英语语言学中的一些重要观点，且参考了英语语言学的研究模式，通过研究具体的文学作品，探寻文学的内在规律。英语语言学的发展，使西方文学理论更为科学和结构化，因而其研究结果也更为准确。文学创作是语言的应用，个性化的语言符号展现了丰富的文学内容。西方文学艺术理论在分析和探讨文学艺术时往往从英语语言学的角度切入，因此，英语语言学的发展对西方文学理论影响颇深。

（二）西方文学理论对英语语言学的影响

西方文学理论对文学作品的研究，其实也是对英语语言的学习与运用，因此，西方文学理论的发展对英语语言学的完善与发展有着极大的影响。在文学理论研究过程中，学者能够发现英语语言学的一些缺陷，找出英语语言学的不足之处。作为一门工具性学科，英语语言学需要不断进行完善与发展，且需要其他学科提供理论与实践支持。而西方文学理论则能够利用英语语言学的特点，在不断完善自身理论体系的同时对英语语言学进行更深层次的思考和总结，使其在反思中获得进步。

（三）西方文学理论与英语语言学相互制约

西方文学理论以英语语言学为基础，英语语言学作为一门语言学科需要在西方文学理论的应用中得到发展，因此，西方文学理论与英语语言学之间也会相互制约。英语语言学离开它的文化土壤就难以健康发展，而西方文学理论只有借助英语语言学才能深入了解文本的内涵。英语语言学的发展制约着文学艺术的创作，也制约着文学理论的研究；反之，文学理论的进步也建立在一次次运用英语语言学对文学作品进行分解、研究的基础之上，因而没有文学理论的进步，英语语言学很难获得重大突破。由此可见，西方文学理论与英语语言学之间存在着相互制约的关系。

（四）西方文学理论与英语语言学之间的相互促进

当前，西方文学理论面临着发展难题，而英语语言学可以为西方文学理论的发展提供

新的思路。利用英语语言学的思想和理论来引导西方文学理论的发展和重构，是现阶段学界研究的重点之一。21 世纪初，英语语言学处于飞速发展的时期，语言的研究必须借助一定的作品，因此它的研究推动了西方文学理论的发展。同时，英语语言是西方文学理论得以表现的媒介，也是人们理解、欣赏文学作品的工具。随着西方文学理论研究的深入推进，英语语言学的应用与研究也必然得到进一步深化。可见，西方文学理论与英语语言学本质上能够相互促进、共同发展。

从直接角度来看，西方文学理论研究过程需要应用英语语言学进行分析；从间接角度来看，西方文学理论的研究对象即文学作品在创作过程中受英语语言学的影响和作用。因此，西方文学理论与英语语言学之间的联系密不可分，两者相互作用、相互影响。理解两者的内在联系与相互影响，有利于在学习过程中更好地了解西方文学艺术，提高英语水平，提升人文素养。

第二节　学生思辨能力与英语语言学

随着社会的不断发展，对人才的要求也越来越高。尤其是英语方面的专业人才。英语学习的最终目的就是通过口语表达，加强与外界的联系。在英语语言教学中，多关注学生的思辨能力，不仅有利于学生掌握英语综合知识，同时还能够为塑造高素质的人才打下基础。

英语的语言教学是英语教学中的重要组成部分，教师想要促进教学质量的进一步提高，离不开对英语语言教学的深入探究。因此，英语教师应该结合当前社会对人才的基本需求，对教育教学方式做出适当的改变，针对性地对语言教学进行研究，加强培养学生在英语语言学中的思辨能力，真正地做到活学活用。

一、思辨能力概述

思辨能力顾名思义就是思维的一种发展能力，主要通过对自身的思维进行分析从而评价，最终来改进思维的一种方式。实际上就是自我认知和情感的结合。在西方发达国家，非常注重学生思辨能力的培养并深入研究，其研究方向大致分为三类。第一类对思辨能力的分项能力进行界定，第二类对思辨能力的量具进行构建，第三类对思辨能力培养的途径进行探索。在教学中融入思辨能力，举行相关活动，将学生在学习中出现的各种消极、保守等情绪进行纠正，进一步培养学生批判性的思维、阅读、观察、演讲写作等能力，以便学生在将来踏入社会之后更能适应社会的挑战。

二、英语语言教学中培养学生思辨能力的重要性

英语语言学是一门以语言为研究对象，发展其本质以及功能的一门学科。英语语言学加强了世界各地的联系，也为中国发展全面型人才奠定了基础，英语语言学相对于某些技能型课程而言非常的抽象，理论性的原则较多。而学生之间存在个体的差异性，逻辑思维能力不强的学生就很难领悟其中的精髓，更无法对语言进行系统的分析，所以教师在英语语言学的定位上应该更多地倾向于思维方式上训练。语言是人和人之间沟通的方式，同时也是思维的一种体现，思维和语言两者同时进行，密不可分。语言学理论和思辨能力两者是相辅相成的，想要提高语言学，培养学生的人文修养，思维方式是必不可少的。教师在传授学生理论知识的同时，更应该鼓励学生积极地去思考、创新，从而发现语言学的本质，更好地将语言学发挥到极致。

三、英语思辨能力在英语语言学中应用的困境

国外对学生思辨能力的发展非常重视，但是国内对于英语语言学中融入思辨能力的研究才刚刚起步，很多英语专业学生的思辨能力并不强，在教学中会出现思辨缺席的情况，这将直接影响学生的创造力、逻辑思维能力、解决问题的能力等。英语思辨能力在英语语言学中一直无法落实的原因，归结于两点：

（一）教师教学方面

教师自身对如何培养学生的思辨能力认识不清晰。英语教师自身的专业性不容否定，在进阶教师之前也会进行一系列的培训，如教学方法的培训，教育学和心理学的学习。但是对于思辨能力认识却不够清晰，尤其是关于思辨能力的培养教材和方法少之又少。

课堂时间较短。每节课程的时间都安排得井井有条，教师每天都觉得时间不够用，英语课程包括听说读写各项技能的训练，另外还包括各种词汇，语法知识的讲解，各种练习，作为教师，将这些内容全部讲完就已经非常不错了，再去培养学生的思辨能力对于教师和学生而言都明显精力不足。

教师认为学生英语水平不高。学生的英语水平不高，各项能力水平都需要进行不断的训练，语言能力也会受到一定的限制，课堂上教师所设计的教学任务对学生思维能力的发展还有所欠缺，有些教师重视学生语言交际能力的培养，但是却忽略了学生在认知方面的提升，课堂设计的教学内容和活动大多数都是训练技能，完全没有针对学生思维能力进行训练的课堂英语活动。

（二）学生方面

学生的思维定式，习惯被动地接受知识和回忆知识点。中国式的教育一贯都是以填鸭式灌输为主，学生在这种教学模式之下，更习惯性地被动去接受并回忆教师课堂所讲解的

知识点，学生的这种思维已经形成了一种定式，被动地去接受安排好的学习内容和方法，所以更愿意听教师讲，而不愿意主动地去思考。

学生平时都是以考试成绩为衡量课堂效果的重要因素，学生一味地追求分数，而忽略了学习英语的最终目的，从而缺乏独立的思考能力。

学生一门心思地学习语言技能，对于提高思维活动的教学任务不够重视，思考能力差，知识面较为狭窄。另外课后又需要花大量的时间去阅读、整理等，对提高思维的教学任务从内心里排斥。

四、英语语言教学中培养学生思辨能力的策略

英语专业的学生在能力上明显高于其他文科类的学生，但是随着年级的升高，这种差距会越来越小。在大学英语专业方面学生主要接受语言技能的训练，知识面比较窄，过于死记硬背，学生只是一味地模仿而缺乏独立思考、逻辑分析和推理能力。到了高年级才会开设一些理论课，如语言学、文学等语言知识类的课程，课程的开设有利于拓宽学生的知识面，但是在教学的内容和方法上还是存在一定的限制，导致思维能力在英语语言训练中的效果并不明显。如果在教学中通过对教学内容的合理设计，教师和学生都拥有较强的思辨意识，那么在语言教学中训练学生的思辨能力将非常容易。如何在英语语言教学中融入学生的思辨能力，可以从以下几个方面入手。

（一）培养学生的跨学科意识

语言学主要是研究人类语言的结构、意义和发展等，需要了解语言的规则，语言如何通过大脑的思考形成新的语言方式，不同文化背景下的语言有什么特征等。因此，作为语言学本身就是一门非常复杂的学问，其中包含很多学科，既有社会科学的属性，同时又有自然科学的方法。语言学的研究成果对其他领域也产生了重要的影响，并不断地在其他领域解决了语言的问题，如翻译、外语教学、人工智能等。同样在语言学的课堂中，教师应该将跨学科的内容融入课堂中，如在讲授学习语言心得时，可以把心理学的知识融入其中；在讲授到语言和文化两者之间的关系时，可以将社会学引入其中。这样不仅能够扩大学生的知识面，同时也能提高学生对于语言研究的兴趣。

（二）培养学生的抽象能力和批评性思维

传统的语言教学过度地注重教师的地位，忽略了学生的主体性，教师讲学生听，学生不免觉得课堂太过枯燥和乏味。要想提高课堂学习的效果，应该是教师和学生两者共同互动。因此，在课堂的内容中必须设置具有研究性的话题，来提高学生自我思维能力的发展，让学生参与到知识的构建中，在真正掌握知识的基础之上来培养学生的抽象思维能力。例如，“Leave the book on the shelf”按照传统的语句进行分析，在字面的意思上不会出现分歧，但是事实上这句话的意思还可以翻译成不要碰架子上的书，“Leave——the book on the shelf”。通过让学生不断的思考，对语言学有更深的理解。经常会有一些学生抱怨语言学

太枯燥，所以在学习的时候的信心就降低了一半。其实英语的语言学掌握了技能，基本理论和方法，就已经掌握了基础，另外再融入个人的观察，对事物分析的能力，就会觉得语言学并没有想象中那么难。学会从抽象的语言中归纳和分析语言的现象，对提高学生的思辨能力有很大的帮助。语言学中包含很多抽象概念，教师可以结合教学内容适当地对学生进行指导分析，练习，引导学生从语言现象中进行分析总结，学生的思维一旦进行积极思考的过程，就会变得主动去学习。

（三）合理地设计问题，来引导学生主动地思考

在英语语言学中，有很多可以激发学生想象力和思考的问题，教师可以通过课堂提问来活跃课堂的气氛。教师可以加强关于英汉两者的对比，英语语音知识涉及元音和辅音，在汉语语言中同样也涉及这部分的知识，所以在长期学习母语之后，必然会影响英语的学习。教师可以将这两个知识进行对比，提出问题，让学生发现其中的差异和相似部分，从而对英语语音方面也会有一个系统的认知。通过深入的研究，避免学生出现读音的错误，如“vent thing”等，教师就需要注意其中的辅音空缺的问题。另外通过两者的对比，学生经过思考也能够发现在语言方面还存在很多的差异，如在词汇、语法、语义方面，在英语中对于“叔叔、伯伯、姨夫、姑父”只有 uncle 一个对应的词，学生通过思考对比，对英语语言知识有了一个全面的认知。

（四）增强教师的思辨意识

提高学生思辨能力的前提首先是增强教师的思辨意识，教师自身对思辨意识进行重视，才能将思辨意识真正地融入语言学中。首先教师必须是一个合格的思辨者，作为教师必须清楚思辨能力的含义、作用、构成的因素等。其次教师应该将自身的思辨能力体现到教学的理念和课堂的教学中，提高学生的思维能力，逻辑思考能力和批评性思维能力的发展。根据教学的内容提出问题，引导学生主动的思考，将传统的课堂教学模式融入学生的思考，改变一贯填鸭式的教学模式，培养学生的创造性思维能力。

在英语语言学中融入思辨能力是社会的必然要求，可以改变传统教育重技能轻能力的模式。这也是培养创新型思辨型人才的重要方式，不仅提高了学生英语语言的能力，同时也给学生未来的就业带来了机会。为了这一目标，教师和学生都应该共同去努力，不断开发自身的思维，不断地去发现问题、分析问题、解决问题，从而提高教学效果和学生个人的能力。

第三节　英语语言学视域下语境的融入

语言是人们交流的基本，也是沟通的重要载体，而语境的融入对英语语言知识的掌握有着重要的促进作用。语境是英语学习过程中正确理解语言含义的基础，不仅有助于

对生僻单词的理解，同时也有助于对句子的理解。本节基于语境融入的作用，简单分析英语语言学视域下语境的融入与应用，以期能够让学生在英语交流中更好地理解语言所传达的意义。

语言是传达思想的重要载体，只有在语言学视域下重视语境和语义之间的联系才能够更好地理解英语内容。语境包含很多内容，如时间、对象、情景、空间等，根据不同人的生活、个性等差异而产生不同的变化。将语境融入英语学习中，能够帮助人们更好地理解英语，分析交流中的语境，帮助学习者提高自身的学习效率。

一、语境融入的作用

（一）帮助快速理解生词

了解一个国家的文化、学习一个国家的语言，必然要通过词汇开始，并通过各种语境的思维训练，才能够真正融入该国的文化中去。在生词的学习中，除了要理解其固定意思之外，还应当将词汇融入一定的情境中去，且其意思还可能会发生变化，因此，通过语境的融入，能够帮助学习者更好地理解单词的意思，根据上下文来进行猜测性的理解。语境的融入能够帮助学习者更好地理解生词，提高自身的阅读水平。

（二）帮助消除理解误区

英语是一门深奥的语言。虽然学习者能够通过字典来掌握单词的释义，但是在实际应用的过程中还是存在着一定的理解误区。比如，“a lucky dog”在西方文化中是表达“一个非常幸运的人”，而如果中国人对西方文化没有一定的理解，那么就很容易认为是在贬低他，出现误解。语境的融入能够帮助学习者消除理解误区，更好地掌握英语知识和文化。

二、英语语言学视域下语境的融入与应用

（一）在语义方面的应用

通常情况下，人们在交际的过程中会通过前后语境来对语言进行判断和理解，而在不同的场合中，由于语境方面存在着一定的差异，相同词汇的不同语境表达的意思则存在着一定的差异。因此，基于英语语言学角度，将语境融入英语学习和翻译中有着非常重要的意义。如 blue 不仅仅表示蓝色，还表示不愉快的心情，当 blue 与 moon 组成“in a blue moon”的时候，表示极为罕见，“blue-eyed boy”则表示得意门生等。由此可见，在英语交际过程中，如果没有对语境及其背景进行深入了解，那么就很可能带来误解，导致无法有效理解句子的真正意思，甚至会产生交流误解。

（二）在修辞方面的应用

英语语言学是一门复杂的知识体系，与汉语一样，在表达的过程中有很多修辞手法，如果不能对这些修辞手法有准确的理解，就很可能产生错误的理解而导致交流障碍。如果

是从事翻译行业的人员，若是不能准确理解修辞所表达的真正意思，就很容易出现错误的翻译。在修辞方面，语境的融入主要是通过交流场景的主题、想要表达的含义、感情等呈现出来，使其更具感染力，让修辞达到更好的表达效果，从而提升语句表达的感染力和说服力。如“He is the Newton of this century”中，通过“Newton”来代替“scientist”，采用了比喻的修辞手法来进行表达。“She is a woman with a stony heart”一句中，通过隐喻的方式来表达她是一个铁石心肠的女人，冷酷无情。如果不了解修辞手法，就很容易翻译成她是一个有石头心的女人，出现误解。

（三）在翻译方面的应用

英语翻译是社会发展中的信息传递行为，在不同的文化之间起到了良好的桥梁和纽带作用。由于英语语境自身有一定的文化特点，在翻译的过程中必须对语境有更多的了解，包括说话人所处的文化背景、生活方式、宗教信仰、历史背景、思想观念等方面，从而理解其真正想要表达的意思，这样才能够准确地翻译。比如，由于两国文化之间的差异性，使得一些文学作品的名字非常难以翻译，如果没有较好的文化底蕴、没有对语境进行了解，那么很容易翻译成白话文。如“Gone with the wind”“The journey to west”，如果没有对其文化背景和语境进行理解，那么很容易将其翻译成“随风而逝”“去西方旅行”，而真正的意思是两部文学作品《飘》《西游记》。由此可见，翻译的准确性与语境有着直接的关系，需要相关人员及时做好语境、文化背景、语言知识方面的了解，以缩小文化之间的差异，有效提高翻译的整体水平。

总之，在英语语言学视域下，在英语交际和翻译工作中加强语境的融入有着非常重要的作用，不仅能够帮助相关人员快速理解生词，同时也能够消除理解的误区，为良好的交际奠定基础。因此，在交际的过程中，无论是在语义方面、词义方面、修辞方面还是翻译方面，都应当要从语境入手，更多地了解英语文化及说话人的语境，以便更好地理解其所传达的意思。

第四节　英语语言学翻转课堂教学

近几年，翻转课堂慢慢成了一种较为流行的课堂形式，除了能够确保教学以学生为主体之外，还可以全方位地调动教师的引导作用。教师可以在英语语言学课堂中引入翻转课堂作为其教学模式，丰富当下的教学内容，令学生的学习变得更加弹性化，这也是提升教学质量，打造高效课堂的重要举措。在英语语言学习中引入翻转课堂，更容易取得成功，这与教师的支持和努力是息息相关的。所以，英语语言学翻转课堂教学模式是对教师教学综合能力提出的新要求。本节就英语语言学翻转课堂的教学模式作了初步的分析。

大家都知道，“英语语言学”是一门较为重要的学科，是高年级英语专业中应该掌握的基础学科。通过修习该课程，学生可以加深英语人文、社会等方面的认识，而进行这一科目的教学主要就是为了全方位地增强学生素质。但在实践过程中，大部分英语语言学仍旧采取的是灌输式、单方向输出式的教育方式，这不仅让学生理解难度提升，时间一长也导致了一些学生反感，没有办法激发学生的学习兴趣。翻转课堂就是现在探索出的一种全新的课堂教学形式，对增强学生学习积极性、深化学生对知识的认识有较大的促进作用，在英语语言教学中使用这一模式，也是对英语人才培养质量提升的重要举措。所以，在开展英语语言教学中，我们一定要充分利用其开展好教学工作，进而为教学质量的提高做出较大的贡献。

一、翻转课堂模式概述

（一）翻转课堂模式的概念

“翻转课堂”，也被称为“颠倒课堂”，是一种将在线学习与面授学习相结合而构建的一种新的教学模式，主要依托互联网资源。翻转课堂在实践操作中，选择网络平台作为支撑，把一些相关的教学内容放到网络上来开展教学。如今，翻转课堂模式的环节具体可以划分为：课前、课中、课后等阶段。在课前阶段，学生能够借助教师提供的有关学习素材，以便对后期要学习的内容有更多的了解；课上则主要是借助分组的方式来就这些要学习的知识进行探索，进而提高学生对这些知识内容的理解程度。在课外时间，学生可以依据自身安排，做好课前的预习，课后的巩固。这种课堂教学的模式对比其他的模式会显得更加灵活，最大的优势便是不会受到时间和空间的约束，因此更受学生的认可。

（二）翻转课堂模式的特征

1. 教师角色的翻转

在课开始前，教师角色是引导者，发挥引导作用，让学生对英语语言学知识进行在线阅读，了解相应的知识；而在课堂开始之后，教师的角色出现翻转，成了课堂的组织者，为学生解答学习中存在的疑难问题，做好辅助解答，并组织学生之间进行相互沟通与交流，分析与把握学生对新知识的掌握程度。在课堂结束之后，教师可以引导与帮助学生巩固课堂中的知识。通过这种方式可以看出，翻转课堂模式中，教师由教学主体向学生学习引导者角色“翻转”。教师也不再是扮演讲授的角色，主要在学生学习期间发挥其辅助的角色。经由在交流平台上和这些学生予以全面的交流，教师在课堂教学中可以对学生学习过程中的难点有所把握。课堂教学期间，教师也可以借助少量的时间针对教学中普遍存在的问题进行讲授，这样不但能提高问题的针对性，同时也让教学效率明显提升。由于教师所要讲授的正好是学生要学习的知识所在，讲解工作完成之后，教师可以布置相关的练习，如让学生开展好英语单词听写、英语对话练习等，或者是针对某个社会热点问题通过英语让学生进行探讨，通过这一系列的手段来完成学习工作。

2. 学生角色的翻转

学习的主体是学生，必须体现与彰显学生主动性，以此更快地开展学习和了解学习的知识。在课堂上，学生不但要积极地参与学习活动，同时也是整个学习小组的一个成员，经由自身了解的知识，为其他学生提供帮助与支持。对比传统教学模式，在这种课堂中，学生从被动灌输知识慢慢过渡到了自主探究、自主探索。学生在这种情境中，要主动地对问题进行探索，而不是被动地等待教师来对相关的内容进行教学。

3. 学习环境进行了翻转

翻转课堂在实践操作时，主要应用的是视频或 PPT 等素材，是对以往教学时空形态的全面颠覆，且延伸了课堂内容。教学不仅存在于教室一个空间，还可拓展至家庭、宿舍、自习室等空间，实现了学习环境的延展。

4. 教学方式的翻转

教师在开展教学的过程中，抛弃了之前单一方向的灌输式教学方法。在翻转课堂中，教师需要采取多种措施，赋予课堂更为鲜明的特色，打造深入的互动，引导师生合作，共同完成学习任务。学生可以通过对文稿课件、视频、音频等资料的学习，掌握新的知识。这种方式改变了传统教学流程、模式。在课前，学生对后面要学习的内容有一定的了解，在课上基本上就是让师生对学习过程中的重点和难点进行探索，而且就一些比较难的知识点做深入分析。

二、英语语言学翻转课堂教学模式的具体应用

“翻转课堂”理论起源于美国。罗伯特·塔尔伯特最初将翻转课堂划分为课前、课中两个阶段，并应用于“线性教学”实践活动中。学生在课前，要主动进行预习，在课堂中则要结合课前学习过程中存在的问题提出解决办法，从而提升学生掌握知识的能力，内化自身知识架构。国内沈书生对塔尔伯特的翻转课堂做了探究，认为该模型有一定的缺陷，学生课后知识的巩固也要作为翻转课堂一个比较关键的部分。所以，翻转课堂是由课前、课中以及课后等多个阶段构建的。结合英语语言学教学实际，进行翻转课堂具体的设计，设计结果如下。

（一）课前阶段

提前观看与教学内容相关的课件、视频等资料，以及在上课前练习是开展这一教学模式前期阶段工作的重要环节。教师在进行英语语言学教学活动时，需要借助图片、视频等题材，将课堂的内容、任务与目标鲜明地体现出来，这样教师就可以更好地表达新授内容，而且把需要的课前练习添加进去。在完成视频、课件制作后，教师需将这些材料上传至特定的平台中，如 QQ 群、微信群之中，引导学生在网络上进行下载，对这些理论知识提前预习，有一个相对的了解。在完成预习之后，进行预习中的练习，将练习结果提交给教师，明确学习中存在的问题。

另外，教学必须和学习的章节内容紧密联系起来，提供相关资料给学生，或引导学生自主去搜寻资料，如去图书馆或通过网络来得到相应素材，对预习中存在的问题，采取主动姿态来解决。此外，教师需要鼓励学生多与教师或其他学生之间进行沟通，巩固重、难点问题。如在《新编英语课程》中，有关人类语言的定义与特点过程中，教师就能尝试在课前借助PPT形式做好充分的资料准备，将各学者提出的关于这一专题的观点总结在其中，并经由举例的方式，对人类语言的特征、内容等做进一步的阐释、定义。学生在完成课件、视频等学习之后，还需完成基础题解答。在课前教学中，教师可以结合课程需要，向学生推荐一些优质的英文文章或著作，引导学生自主阅读，并在阅读过程中提高自身的英语水平，了解语言发展历史、人类与动物在语言上的差异，人类语言有什么样的功能等，学生也可在网络上发表学习经验、学习成果与看法。

（二）课中阶段

进入课中阶段，教师需赋予课堂丰富性与趣味性，初步把握学生是不是进行了预习，以及学生是不是掌握了这些知识点，同时激发学生学习兴趣。详细来说，教师可以通过随机抽查的方式，了解学生课前预习状况，学习中存在的问题，并对这些存在的问题进行归纳和总结，和教师之前准备的问题相互结合，作为课堂上要探讨的主题。接下来，教师还要把班级划分为多个不同的小组，通常一组 4 ～ 5 名学生，每组设定一位组长，组长负责组织讨论，对存在的问题找出应对的方法。在小组讨论过程中，教师不应该继续待在讲台上，而是应该走下来，参与小组的讨论。在完成讨论时，要由学生代表来总结讨论结果，其他小组可以提问。对于一些尚未形成共识的问题，或难度较大的知识点，若是情况允许，教师可考虑在班级上开展一个讨论会，让全体学生积极地参与到问题的讨论之中，锻炼学生的思考能力。教师应善于倾听学生的观点，并适当发表自己的观点，做出合适的引导，确保学生在正确的方向上进行讨论。在课中学习中，教师也可以做出一定的拓展，将书本上的知识延展出去。如在介绍人类语言概念的知识时，教师可以对世界各国语言的分布状况进行介绍，也可以引申至人类语言、动物语言与计算机语言等加以区别，丰富课堂内容。

在课中阶段，需要重视学习效果评价。这里的评价并非只是来自教师的评价，还包括学生评价。教学时，教师不仅要努力地引导、组织课堂教学，还需做好小组划分，小组协调，把握学生与小组的表现状况，给予客观积极的评价，发挥评价的正向激励作用。教师可以让学生对该小组或其他学生的表现做出评价，将教师评价和学生的评价充分结合，作为评估学生学习状况、成绩的重要依据。

（三）课后阶段

上课结束以后，还有两项安排，一个是课后作业的布置，另一个则是课后反馈。在完成教学后，教师需要高度提炼与总结课堂知识点，并留下一些有价值的问题让学生自己思考，而且将其设为课后作业，让学生利用课余时间，综合自身的知识基础，学会通过多种方法，积极调查、分析与思考问题。通过写就论文或课题的方式，来巩固学习到的内容。

课后反馈包含两个内涵：一是教师对学生的评价反馈，即教师在了解学生学习表现、学习状况的基础上形成的评价，同时将这些评价反馈给学生个体，指导学生个体有方向地改进学习方法。二是学生对教师的反馈。完成教学任务之后，教师可以主动询问学生，对这堂课的教学状况有什么看法，提出相应的意见，为后续改进教学提供支持，以更好发挥翻转课堂的积极作用，让翻转课堂的价值在英语语言教学中得到全面的展现。

翻转课堂是一种全面展现学生的主体性地位的形式。按照英语语言学课程特性设计与应用翻转课堂，有助于调动学生的学习主动性，是增强英语语言课程学习质量与效果的重要举措。基于此，教师需高度重视翻转课堂对教学的较大帮助作用，而且要及时地就课前、课中和课后等多个阶段予以科学设计，以便达到教学效果的最大化，为开展好语言教学工作提供有力的支持。

第五节　新媒体时代英语语言学课程改革

英语语言学由于专业性强、理论抽象，当前该课程教学效果不理想。如何充分运用新媒体技术，改革传统英语语言学课程，是不可忽视的课题。本节分析了当前英语语言学课程存在的问题，提出了在新媒体时代之下具体可行的改革策略，以期改变这一现状。

英语语言学课程是在学生大二时开设的，是英语专业学生的必修课，开设的目的在于让英语专业的学生提高对语言学领域所取得的成果的认识，以此丰富学生的理论知识，培养其语言意识。语言学课程的任务是“描述语言事实，寻找并解释语言发展的规律，发展语言学理论，总结语言研究方法，并将其研究成果应用于语言研究和其他领域”。英语语言学课程能够帮助学生将英语知识系统化，为学生奠定相关的语言学基础，有益于学生快速掌握翻译、阅读、口语等专业知识。

但是，目前该课程仍然存在一些亟待解决的问题。比如教材难度大、教学方式单一、课程设置不合理，这些问题造成教学效果不理想。因此，有必要探讨在新媒体时代英语语言学课程的改革策略。

一、英语语言学课程教学问题

英语语言学课程理论性强、专业性高，并且术语多、概念杂，如语言知识、语言属性、修辞知识、语用学、形态学等繁杂的知识点，导致这门课程的讲授起来枯燥乏味，并且当前大多数高校教师采取的是“填鸭式”教学，学生容易产生抗拒心理，影响学生对知识的学习与吸收。从目前教学情况来看，英语语言学课程存在以下几个问题：

（一）教材内容难度大

英语语言学是包含社会学、心理学、文学、语言学等多个学科的知识，其本身知识点多、内容繁杂。然而目前关于英语语言学的教材还较少，大部分高校使用的教材是由戴炜栋和何兆熊编著的《新编简明英语语言学教程》或者胡壮麟编著的《语言学教程》。学生普遍反映这些教材的专业性强、概念繁杂、抽象程度高、生词多。虽然 2011 年胡壮麟先生删减和改编了《语言学教程》的部分内容，但学生仍然反映难度很大，难以掌握。专业教材的单调和高难度，让很多学生望而却步，在心理上首先产生了抗拒，致使英语语言学课程教授增加了难度。

（二）教学方式单一

教学方式在很大程度上影响该课程的教学效果。就目前情况来看，不少高校仍然遵循着传统的一套教学理论，即以教师为核心，教师讲课，学生记笔记。这种灌输式的教学忽视了学生的自主性和能动性，并没有让学生参与互动，学生对知识点死记硬背，没有根据自己的理解进行记忆，这样就影响了教学效果。此外，很少有教师会根据课文内容让学生展开讨论，或者转变教师或学生的角色，让学生自己充当老师备课讲课。其实，学生不是被动接受知识灌输的容器，而是具备独立思考能力的人，教师应当充分挖掘学生的独立思考能力，丰富教学方式，提高学生的学习兴趣，调动学生学习的积极性。

（三）课程设置不合理

当今社会开始要求要复合型、全能型的人才，只拥有单一的知识技能已经难以满足用人单位需求。为适应这一需求，高校在培养学生时开设了多种专业和课程，以期培养出综合性人才。这些课程的叠加，减少了英语语言学课程的时间，有些高校甚至从原来的 48 个课时减少到现在的 32 课时。语言学是一门理论性和实践性都很强的学科，课时减少导致学生无法对学到的知识及时消化，难以掌握知识点，进而产生厌学情绪。一般来说，语言学课程都是安排在大二时开始学习，但是大二学生的专业知识基础不牢固，过早地接触难度太大、太抽象的专业知识，学生很难接受。对于教师来说，同样也是不小的挑战，要在有限且紧张的课时内教授大量晦涩难懂的专业知识，难免顾此失彼，教师只顾完成自己教学任务，教学质量却得不到保障。

（四）教学效果不理想

繁杂的教学内容和单一的教学方法，以及不合理的课程设置方式，直接影响了英语语言学的教学效果，学生无法掌握大容量的专业知识内容。不合理的考核制度（考核内容主要是基础性的试题，缺乏应用性、拓展性的试题），让学生只关注理论知识部分，忽略实践，而英语语言学是一门实践性很强的学科。同时，教师和学生之间的角色定位存在偏差，普遍以教师为主、学生为辅。而且，没有考虑学生的个性差异和接受心理，对全部学生采用一刀切的方法，导致强者越强、弱者越弱的马太效应，打击了部分学生的学习积极性。这些因素导致英语语言学课程的教学效果不理想。

二、新媒体技术对英语语言学的影响

新媒体时代的到来，改变了传统的信息接收方式，各行各业开始与互联网结合，产生了“互联网＋行业”的新业态。教育教学行业亦是如此。新媒体技术改变了教学的过程和方式，英语语言学课程也逐渐开始运用新媒体技术，谋求新方式。

（一）新媒体时代改变了师生的角色定位

新媒体时代的到来，使传统的师生关系开始转变。在传统的课程中，教师往往是主导者，采用灌输式的教学方法，学生就如同等待灌注的容器，只能被动地等待接收信息，学生的创造能力、研究能力、发展力被压抑。新媒体时代使教师和学生的角色都发生了变化。教师由过去课程的主导者转变为学习的管理者，教师开始从过去繁重的教学任务中解放出来。学生由被动地接受者转变为知识的主动获取者，学生成了主体。学生摆脱了环境的束缚，从过去只能在教室学习变成随时随地都可以借助移动媒体学习，实现学习空间的转变。教师和学生角色的改变促进了师生之间教学关系，教师不再是过去的信息“把关人”，学生可以越过老师选择自己想要了解的信息，甚至对于一些社会信息，可能还会优于教师，学生借助新媒体技术，开始逐步缩小与教师之间的“信息沟”。

虽然新媒体极大地改变了师生的这种角色关系，也丰富了传统的课程学习方式。但不可否认的是，要想获得专业的综合训练，英语语言学课程仍然是师生之间信息交流的主要方式。

（二）新媒体技术为课程质量提升增添了动力

互联网技术的发展，为英语语言学课程质量的提升增添了动力。互联网技术拓宽了学生的学习环境，丰富了学习方式。学生不再局限于传统的课堂、家庭两点学习，而是可以利用碎片化的时间，借助手机获取知识。比如学生利用地铁上的碎片时间，通过手机提前对课程进行预习，可以极大地提高学生的学习效率和课程质量。在课堂上，受新媒体技术的影响，教师也不再拘泥于传统的授课方式，主动或被迫做出改变，教师开始利用新媒体。比如使用多媒体设备等丰富课堂教学形式，吸引学生的注意力，同时能够使复杂的专业知识通俗化，对于抽象性的问题，可以播放名师的讲课视频或网络上针对这个问题的比较有趣的解释方法，帮助学生理解难点，强化教学效果。在课堂之外，教师通过 QQ、微信群等社交媒体加强师生联系，构建更加和谐的师生关系。

（三）新媒体技术为课程创新提供了技术支持

在新媒体时代，技术广泛地应用于各行各业，教育行业来说亦是如此。新技术为课程创新提供了技术支持。广大授课教师紧跟学术发展前沿，加强同行业之间的沟通交流，集思广益，创新课程呈现方式和教学方法，将最新的知识通过网络终端呈现给学生，这种传统教学与网络教学相结合的方式，改变了传统教学带来的单调感。同时，新媒体技术使得课程开始寻求创新，或利用现代化教学设备，或开展网络教学，或开发网络课程等。通过新媒体创设逼真的情境，刺激学生的感官，加强学生的参与感，更容易调动学生的学习积极性。此外，对于教师来讲，也可以利用新媒体平台，实现自身专业理论知识的提升和教学手段的更新，加强与学生的互动与交流。

三、新媒体时代英语语言学课程改革策略

通过上述分析，我们既看到了英语语言学课程中存在的许多问题，也看到了新媒体技术带来英语语言学课程的改变。随着新媒体时代的到来，英语语言学课程改革势在必行。英语语言学课程必须进行教学方法和教学技术手段的创新，所以有必要探讨英语语言学课程可行的改革路径，为此，提出了以下几个设想：

（一）借助网络技术手段，丰富教学形式

新媒体技术为教学手段技术革新创造了条件，网络技术帮助教师摆脱了过去课堂上单纯的“师说生听”的状况，师生借助多媒体等设备实现了更加平等的交流，新媒体技术使得信息共享化，改变了传统信息单一的局面。

多媒体技术可以充分调动学生的视觉、听觉等感官，将枯燥的专业知识通过文字、图片、视频、音频等方式表现出来，强化课堂感染力，使抽象的知识具体化，变“知识教授型”模式为“探究性学习”，增强了教学效果。

（1）文字。英语语言学课程中的专业术语或一些概念等可以通过 PPT 展示出来，而不再是教师板书。同时，PPT 可以让教师将重点、难点画出来，特别是句型分析等，借助 PPT 的展示方式充分讲解，如果只是过去单纯的板书，一来句子太长，二来也不方便学生记忆。PPT 可以让学生一边学习一边做笔记，提高了课堂学习效率。

（2）图片。图片具有更加直观、清晰、形象的表达效果，是文字不能替代的。过去没有多媒体设备技术的时候，只能依靠板书，难免太过枯燥，使学生丧失了学习兴趣。图片是英语课堂常用的表达方式之一。比如，在讲解语音学内容介绍人类的发音器官时，就必须借助相应的图片，发音时哪个部位要用力也需要依靠图片才能讲解明白。

（3）音频。音频是英语语言学课程的辅助工具之一。有些教师的口语中难免夹杂着不纯正的发音，对学生语音的影响很大，一旦学生学习了这样的语音，后期就很难纠正。而音频就解决了这个问题。借助音频，可以更准确地帮助学生发音，不仅是在课堂之上，在课外，学生都可以借助相关软件进行学习。

（4）视频。视频能够调动人的视觉和听觉，使课堂更加生动有趣。在英语课堂上，可以借助多媒体设备播放一些案例视频，加深同学们对英语语言学的认知；同时，也可以播放一些专家讲解知识点的视频，帮助同学们理解吸收知识点等。运用视频可以让课程呈现出更好的教学效果。

（二）编写电子教材课件，优化教材内容

如前所言，当前所有的关于英语语言学教材难度太大、专业性太强，不利于学生接受。因此要充分借助新媒体技术，借助网络平台广泛收集与英语语言学相关的教材，进行适当改编，使之既符合英语语言学的课程要求，又利于学生接受，以此达到优化教材的目的。此外，编写的电子教材不仅用于课堂，还可以让学生自行下载保存，以便在课外也能够根据电子教材自行学习。使用电子教材课件，可以节约教师的课堂板书时间，让教师有更多时间进行新的教学研究。而且，电子教材利用新媒体技术，一改过去书面教材的呆板枯燥，电子教材中穿插图片、动画、音像等多种艺术表现形式，将晦涩难懂的专业知识形象生动地展现出来，帮助学生更好地理解专业知识。

（三）开发网络精品课程，拓宽教学渠道

在现代的英语语言学课程中，开发网络精品课程已经成为许多高校的选择，已经有许多外语系都建立了语言学网络精品课程，而且大多学校之间的网络信息资源是共享的，这使得学生不仅可以享用自己学校的网络课程，还可以学习其他学校的课程，拓宽知识面。开发网络精品课程，可以从以下两个方面着手：

（1）建立数字图书馆。随着时代的进步，传统的图书馆资源已经无法满足学生的需求，数字图书馆应运而生，它利用新媒体技术将图书馆所有的实体书通过扫描录入到库，让学生通过电脑或手机端可以随时查看。目前有不少高校已经完成了数字图书馆的初步建设，可以通过电脑链接到图书馆或外网资源，如大部分高校都可以登录知网，随时查阅自己所需的资料，方便快捷，扩大学生的专业知识面。数字图书馆的建设还在不断地优化，以后可能会发展为扫描二维码链接数据库，让学生凭借手机就可轻松查阅资料，打破传统的课程学习方式，拓宽教学渠道。

（2）充分利用在线课程。数字图书馆更偏向于本校师生资源共享，而在线课程却是大规模开放的。比如慕课就是新近的一种在线课程开发模式，一门慕课动辄几万人，只需一台电脑连接网络，就可享受大量的课程，打破了时空的限制。学生可以通过在线课程，学习很多国外先进的关于英语语言学知识。虽然这些课程对学习者并没有什么具体的约束，但一般的慕课会有每周研讨和阅读建议，学生通过在线课程学习的时候，可以充分参与其中，积极讨论，发表见解。教师也可以利用慕课的方式录制上课视频，通过网上传阅，吸引其他学生观看和学习，有效弥补了传统教学的不足。除慕课这样的在线课程平台外，还有清华大学开发的学堂在线等。

虽然当前高校英语语言学课程存在一些问题，但在新媒体时代，只要充分利用新媒体技术，就可以对英语语言学课程进行改革，解决这些问题。在新媒体时代，英语语言学课程作为英语专业的必修课之一，已经顺应时代的发展，做出了相应的改革。如充分借助网络手段、编写电子教材、开发网络精品课程等。当然，网络只是一种辅助性的教学工具，只靠网络教学，就会陷入唯技术论的怪圈。英语语言学课程教学仍要以传统的课程教学方

法为主，合理利用新媒体技术，二者有机结合，才能激发学生的学习兴趣，增强教学效果。

第六节　建构主义与英语语言学课堂教学

在当前新的发展时期，继续深化改革开放和实施素质教育对我国英语教学提出了新的要求。英语语言学是高校中英语学科系统的重要基础课程之一，对于培养学生的英语语言综合运用能力具有重要的意义。建构主义理论的出现为英语语言学课堂教学模式的重构和完善提供了新的视角和思路。探讨和分析影响英语高效课堂的因素，基于建构主义的视角探索相应的对策，有利于提高英语课堂教学的有效性，并为英语教学改革提供一些参考和借鉴。

一、建构主义和英语语言学课堂教学

语言学对培养高校学生的英语语言运用能力，提高学生的综合素质具有重要意义。英语语言学已经成为信息时代科学体系中的关键学科，目的在于使学生了解人类语言研究的丰富成果，提高他们对语言的社会、人文、科技以及个人修养等方面重要性的认识。学生可以通过对英语语言学的学习，掌握其基础理论知识并逐渐认识到它对英语语言的掌握、有效使用等方面的指导作用。英语语言学主要包括语音、形态、句法、语义和语用等分支逐渐形成了一套比较完整的系统。

建构主义理论是认知学习理论的重要组成部分，瑞士心理学家皮亚杰于 20 世纪 30 年代最早提出了该理论，后经其他教育、心理学家的不断探究，逐渐发展完善形成了完整的体系。建构主义认为学习是一个能动建构的动态过程，是学习者本人在教师和学习伙伴的帮助下，在真实的情境里以协作会话的形式自觉主动地去建构知识意义的过程。与此同时，学习者的认知结构也得以重构。建构主义教学理论主张坚持以学生为主体，充分发挥教师的组织作用，进行情景创设，强调师生合作学习，进而调动学生的学习热情和自主探究精神。

二、英语语言学课堂存在的问题分析

长期以来英语语言学课堂教学效率较低，英语语言学学习的效果比较差，学生的积极性不高等不良的教学结果所涉及的问题当然也是多方面的。具体因素如下：

（一）教师受传统教育观念的束缚

英语语言学课堂教学变成了教师向学生灌输英语语言学理论知识，而学生则是死记硬背理论知识的单一模式。英语语言学教学慢慢地偏离了英语教学最初的目的——培养综合语言运用能力，促进学生的全面发展。传统的填鸭式的教学模式导致教师教学和学生学习的热情都大大地降低，进而也就降低了英语语言学课堂教学的效率。

（二）学生英语学习动机的功利化和兴趣降低

不同的学生来自不同的家庭，有着不同的学习背景，语言天赋、智力取向千差万别，要求不同起跑线上的学生必须同时达到同一个目标，这是不切实际的。而应试教育模式违背了学生的身心发展规律，使学生的学习动机功利化，学生把英语的学习变成了机械麻木、简单循环的死记硬背。在很多学生的印象中英语语言学是枯燥的，甚至对它产生了很大的抵触情绪。学生学习英语语言学的兴趣大打折扣，学习的难度主观认知也自然增加，进而陷入疲劳轰炸式的泥潭不能自拔。

（三）人们对英语语言学知识的不重视

改革开放以来，虽然人们解放了思想，但在有些地方，“读书无用论”依然盛行。这种错误的观念直接导致学生对英语学习不重视。很多学生觉得英语都是死记硬背的东西，背单词、背语法结构、背英语课文等，英语语言学理论知识到了社会上几乎无法运用，也很少有机会能用到。这些错误的英语学习观念严重影响了学生对英语语言学学习的积极性。

（四）英语语言学课堂教学中师生互动未能发挥

课堂教学有效性在很大程度上取决于交互主体间的交互程度，具体体现在师生交往关系、课堂互动程度、教师教学模式的选择和运用上。课堂教学不仅是教师的事也是学生的事，需要师生互动。一直以来，在英语语言学教学中，很多教师都重视教学的“量”而忽视了“质”。英语语言学课堂大多比较沉闷，缺乏师生互动讨论的活跃气氛。

三、基于建构主义的英语语言学课堂教学重构建议

针对英语语言学课堂教学中出现的问题，建构主义理论提出一些重构英语语言学教学的措施和建议，以供英语教学改革和提高英语语言学课堂教学效率借鉴。

（一）转变教师教育观念

教师应树立正确的英语教学观念，改革和创新教学方法，使学生不仅能够掌握英语语言学基础知识，而且能够学以致用。因此，教师要摆脱传统教育观念的束缚，树立学生观，尊重学生的成长规律，以学生为主体，以学生的全面发展为目标。

（二）坚持以学生为主体

建构主义理论认为英语语言学教学应坚持以学生为主体。英语语言学课堂教学的效果主要取决于学生的参与度。要增加英语语言学课堂的有效性，应该调动学生的积极主动性，发挥学生的主体作用，使学习成为学生的内在需要。

教师应积极地引导，端正学生对英语语言学学习的态度，促使他们树立正确的英语语

言学价值观，培养他们的英语语言综合运用能力。

（三）师生协作互动，活跃课堂气氛

建构主义学习观认为，教学是以合作学习作为主要策略，教学是与学生合作共同建构知识，并要扩展每个学习者的保留节目。在英语语言学教学中要注意避免一味地向学生灌输死的英语语言学理论知识。教师要注意理论联系实际，始终以学生为主体，积极培养与学生的关系，课下与学生多交流讨论互动，鼓励学生协作学习，了解学生对英语的实际掌握情况，从而努力做到因材施教，不断地改进英语语言学教学中的不足。教师可以在英语语言学教学中融入相关学科领域的知识。例如，可以把课堂提问与其他学科联系起来，为学生的回答创设情境，激起学生的发散性思维，增强英语课的趣味性，调动对英语语言学学习的热情。

（四）积极利用多媒体辅助情境教学

建构主义认为学习与情景联系密切，以创设有利于学生意义建构的情景为起点进行教学设计，能够体现学生的主体作用。教师应该积极运用多媒体图文并茂、声色兼具的特点为学生英语学习创设真实的语言环境，对学生英语语言运用能力的培养具有重要的意义。

由于受传统教育观念的束缚，一直以来，在英语语言学教学中，很多教师重“量”而不重“质”，忽视了英语语言学教学的有效性。建构主义理论为提高英语语言学课堂重构提供了新的视角和思路。只有转变教育观念，坚持以学生为主体，创新教学模式，加强师生之间的互动交流，才能使英语语言学课堂教学质量的提高取得实质性的进展。

第三章 英语翻译概述

第一节 当代英语翻译教学现状

当代英语翻译教学的现状并不乐观，还存在诸多问题，下面我们就对这些问题进行简要的分析。

一、教学大纲中存在的问题

虽然翻译十分重要，但翻译教学在英语教学中并没有引起足够的重视。首先，作为大学英语教学的纲领性文件《大学英语教学大纲》，对翻译教学并没有给予充分的重视。1999 年版的《新大纲》在其教学目的中提及了培养学生的翻译能力，但其重点仍然是培养学生具有较强的阅读能力和一定的听、说、读、写、译能力。2004 年版《大学英语课程教学要求（试行）》的教学目标集中在培养学生的英语综合应用能力，特别是听说能力方面。因此，可以看出翻译教学在大学英语教学中并没有受到重视。其次，大学英语一直是一门基础课程，高校大都开设有精读、泛读和视听说课程。然而翻译教学一直备受冷落，处于可有可无的地位。在 1996 年的四级考试中首次出现英译汉题型后，直到 2002 年的 12 次考试中，翻译题只出现了两次，对大学翻译教学的指导作用不大。2004 年的《全国大学英语四、六级考试改革试行方案》将翻译列入考试项目，由改革前的英译汉变为汉译英，在试卷的综合测试部分与篇章问答轮流出现，试题分值占试卷总分的 5%。在举国瞩目的四级考试中，翻译终于有了一席之地，但所占分值微乎其微。

二、学生在翻译实践中存在的问题

翻译能力是语言综合运用能力之一，从目前一些公认的测试中可以看出，目前学生的翻译能力还存在很多问题，主要表现在以下方面：

（一）用词过于频繁

有很多学生在翻译过程中过于频繁地使用“的”字。一见到形容词，就会机械地翻译为“……的”。例如：

It serves little purpose to have continued public discussion of that issue.

原译：继续公开讨论那个问题是不会有什么益处的。

改译：继续公开讨论那个问题没有益处。

The record has been considered soft ever since it was set last June.

原译：自从 6 月份创造了这个纪录以来，人们一直认为它是很容易被打破的。

改译：人们一直认为去年 6 月创造的纪录很容易打破。

The decision to stop attacking was not taken lightly.

原译：停止进攻的决定不是轻易做出的。

改译：停止进攻的决定经过了深思熟虑。

（二）不善于增减词量

不善于添加或减少词也是在译文过程中常见的错误。学生在翻译过程中通常是英文原文中有几个词，其译文就有几个词，不善于根据汉语译文的需要改变词量，这种译文常出现错误甚至累赘。例如：

Women screamed，and kids howled，but the men stood silent，watching，interesting in the outcome.

原译：女人尖叫，小孩欢闹，男人们静静地站着看着，对结果感兴趣。

改译：只听到女人们在尖叫，小孩们在欢闹，男人们则静静地站在那儿袖手旁观，饶有兴味地等着看结果。

Her grace was a delight.

原译：她的优雅是一种快乐。

改译：她的优美风度，令人欣悦。

（三）方言及口语词汇使用严重

在我国多地都使用方言，所以在翻译的过程中也常出现方言俚语，有时会使人觉得十分别扭。例如：

“But，Papa，I just can not swallow it，not even with honey.”

原译：“可是，爹，我受不了，就是拌了蜜也咽不下呀。”

改译：“可是，爸，我受不了，就是拌了蜜我也受不了啊。”

The children lived in terror of their stepfather，who had borne down on them so often and so hard that there was little left.

原译：孩子们对他们的继父怕得要死，继父经常整他们而且整得很重，简直把他们整瘪了。

改译：孩子们对他们的继父怕得要死，因为继父时不时就狠狠地教训他们一顿，他们已经无力应对了。

所以，我们在翻译中要尽量使用普通话，可适当选用一些在今天仍具生命力的文言词语和已经融入普通话并被读者普遍接受的方言俚语加以表达，但要格外慎重。

（四）不能正确选择或者引申词义

部分学生不能正确选择词义或者根据上下文引申词义，从而造成译文理解上的障碍，甚至闹出笑话。例如：

He has developed an interesting gardening.

原译：他对园艺发展了兴趣。

改译：他对园艺产生了兴趣。

The aim of this course is to develop the students writing skill.

原译：这门课的目的是发展学生的写作技巧。

改译：这门课的目的是培养学生的写作技巧。

通过上述例子可以看出，学生在确定词义时，没能根据该词在行文中的搭配、组合关系来判断。英语单词的词义比较灵活，同一个词、同一词类，在不同场合往往会有不同含义，在翻译时必须根据上下文的联系、逻辑关系或句型来判断和确定某个词在特定场合下应具有的词义，甚至还要将词义加以引申。如果脱离上下文，孤立地翻译一个词，就很难确切表达句子的深层意义。

（五）语序处理不当

汉语的逻辑性很强，其语序通常依据一定的逻辑顺序按照由原因到结果、由假设到推论、由事实到结论、由条件到结果的次序有先有后、有主有次地逐层叙述。而英语的语序较为灵活，通常开门见山，直奔主题，然后再做解释。在表达多层逻辑思维时，英语常根据句子的意思和结果灵活安排语序。然而学生在翻译时往往拘泥于英语原文的词序，造成句序或者词序的错误。在英汉表达习惯不同的情况下，常出现一些牵强、别扭的译文。例如：

It is simple that they do the same things in different ways.

原译：只不过是不同的人做同样的事以不同的方法。

改译：只不过他们用不同的方式做同样的事情而已。

The doctor is not available because he is handing an emergency.

原译：医生现在没空，因为他在处理急诊。

改译：医生在处理急诊，现在没空。

（六）模式过于固定

英语中被动语态使用较广，学生翻译这种句型时经常译成“……被……”，使译文死板生硬。例如：

It is considered of no use learning a theory with out practice.

脱离实践学理论被认为毫无用处。

这样翻译虽然没有错误，但是很牵强。由于汉语中被动句的适用范围很狭窄，所以在翻译被动句时，除一些可以保持被动语态外，很多情况下可译成主动句。这句话可改译为：人们认为脱离实践学理论毫无用处。

（七）长句处理不当

长句在英语中经常出现，学生在译这些长句时，往往不善于将长句中的前置词、短语、定语从句等转译成分句，从而在译文中出现我们不习惯的外语式长句。例如：

Think of ways to turn a trying situation into a funny story which will amuse your family and friends.

想办法把不愉快的处境变成一个能逗你的家人和朋友的有趣乐事。

例子中含有定语从句，译文语法虽然没错，但不符合汉语的习惯。当英语定语从句的结构较为复杂时，可以将句中定语部分译成分句。这句可译为：想办法将令人尴尬的处境变成一件引人发笑的趣事，给你的家人和朋友带来一点快乐。

Since hearing her predicament，I have always arranged to meet people where they or I can be reached in case of delay.

听了她的尴尬经历之后，我就总是安排能够联系上的地方与别人会见，以防耽搁的发生。

该句比较长，含有状语从句，原译给人的感觉比较混乱，让人看了之后不太明白。这句话可译为：听她说了那次尴尬的经历之后，每每与人约会，我总是要安排在彼此能够互相联系得上的地方，以免误约。

从平时的学期考试和被公认为可以衡量英语学习者水平的一些大型标准化测试来看，学生的实际翻译水平亟待提高。同时，在学生的翻译练习实践中也暴露出了很多不足。

在平时的学习过程中，很多学生并没有对老师布置的课文或句子翻译练习仔细地推敲和揣摩，总是直接在教辅书上对一下答案。即使在做模拟试题时，也跳过翻译部分，或草译一下便急于核对答案。这样的学生寄希望于老师讲解，不愿亲自下功夫实践，惰性强、依赖心理重，于是就产生了盲目焦虑的情绪。

还有一部分学生认识到自己翻译能力方面的不足之后，非常重视，对平时的翻译学习和操练也持认真的态度。但没有找到适合自己的学习方法，有的稀里糊涂地做一大堆练习而不善于及时归纳总结知识要点，还有的随便找一本翻译理论书硬啃条条框框，更不懂得将翻译学习与其他技能的提高联系起来，其结果是感到翻译学习事倍功半，也产生了畏难情绪。

上述两类学生的心理和情绪都不利于翻译知识的学习与翻译能力的提高。

三、教师在教学中存在的问题

翻译是有效进行口头和书面交流信息的重要技能，翻译教学是英语教学的重要组成部分，教学的好坏在很大程度上取决于教师，但教师在翻译教学的过程中存在诸多的问题，影响着翻译教学质量的提高。

（一）教学形式单一

目前的翻译教学，除课文的英译汉外，主要是指导学生做汉译英练习。教师在教学过程中方法及形式单一，常采用如下步骤：先布置学生做练习；然后批改练习，力求将学生作业中的全部错误挑出，并逐一改正，唯恐会落下“误人子弟”的骂名；最后讲评练习，仍以改错为主，针对普遍性的典型错误一一评析。这种教法费时费力，效果却也不尽如人意①。

（二）重视程度不够

目前英语教学大纲对翻译能力培养的要求不够具体，翻译在教学过程中的地位和作用没有其他英语技能显著。教师大多采用传统的翻译法，非常肤浅地比较两种语言之间的异同，只是把翻译当作理解和巩固语言知识的教学手段，注重的是语言形式而非语言内涵，强调的是翻译知识而不是翻译能力。教材中的翻译练习只是被简单地一笔带过，常常只是强调一下翻译材料中重复出现的关键词和句型，对对答案，缺乏系统的翻译训练。对于翻译技巧的讲授缺乏整体的规划，往往有时间就讲，没时间就不讲，随意性很强。

（三）一言堂

翻译课堂气氛沉闷，教学效果不好，不符合“以学生为中心”的现代教育理念。这是因为，在课堂上教师成为主体，一味地在课堂上讲，学生一味地听，却没有发言的机会。所以，英语翻译教学应一改过去以教师为中心和“一言堂”的做法，发动学生同桌互改，或小组讨论、集体修改，或者针对某一学生的作业，由全班同学讨论修改。这样的教学方法可以开阔学生的思路，培养他们主动学习、自己发现问题并解决问题的能力，还能活跃课堂气氛，提高教学效果。

针对上述情况，教师首先要明确翻译教学是英语整体教学中一个必不可少的重要组成部分。然后要确立把翻译作为语言基本技能来教的指导思想，把翻译知识和技巧的传授融入精读课文的教学中，有意识地培养学生的翻译能力，从而促进学生其他能力的提高。

第二节　英语翻译教学的理念与目标

一、英语翻译教学的理念

英语翻译教学的目的是使学生掌握必要的翻译知识，初步习得翻译技能，其理念大致包含以下几点：

① 平君.基于应用语言学的大学英语教学模式改革研究[J].吉林省教育学院学报，2018，34(08)：75-77.

（一）翻译教学的先导

翻译课程的先导是翻译理论，理论的意义在于它对课程的指导作用。就目前的理论而言，不仅学派众多，而且理论繁杂。如果把不同学派的理论观点和相关内容全都搬进翻译理论中，不仅使人感到空泛，也不具备条理性和科学性。很多翻译理论都是传统的理论，相对来说比较缺乏实用性。据有关数据统计，大部分翻译理论只适用于占每年翻译工作大概 4 %的文学翻译，而占了超过 90% 的实用翻译则在理论层面很少谈到。这种理论与实践上的不平衡使得很多人都觉得翻译理论没有实用价值。

相比较而言，翻译功能目的论是比较切合实用翻译的。该理论认为：决定翻译过程的不是原本本身或原本对接受者产生的影响或反映，亦非作者赋予原本的功能（等值或等效论如此认为），而是译本的预期目的与功能。实用文体翻译一般都有现实的，甚至功利的目的。这种目的在很大程度上受翻译委托人、译本接受者及其文化背景和情境的制约。目的和功能是实用文体翻译的依据和依归，而功能目的论的理论核心也在于目的和功能两相印证。实际上，学校开设翻译课就是为了让学生在实际中能够运用，实践中也能够看到，学生选择这门课很大程度上就是为了在相关考试中得高分或为今后实际工作而考虑。所以，假如运用翻译的功能目的论指导学生的翻译课程将有利于调动学生学习的创造性和积极性。

（二）翻译教学的基础

语言的对比是翻译教学的基础，大家在学英语的过程中都有这样的体会，一旦脱离说英语的环境，我们总是本能地说汉语，这一点对初学者来说更加明显。然而当我们有了一定的词汇量时，我们就会愿意说英语，但是在这个过程中，我们会把中英文进行比较，也就是说当我们有些短语不知该怎么翻译时，就会用中文的思维方式去翻译。比如 20 世纪 30 年代有人把 the Milky Way 硬译成“牛奶路”已成为翻译史上的趣谈。学生把“他的英语水平比我高”译成 The level of this English is higher than me。这种汉化的英语就是由于不了解英汉两种语言形式上的差异，生搬硬套造成的结果。在两种语言的转换过程中，译文是对比或比附的产物。翻译课的目的是把不自觉的错误对比转化为有指导的对比，从而深入认识两种不同语言之间的异同。

语言对比的重点在于异中有同以及各有不同这两个方面。各不相同之处有很多，重要的如词序的不同、信息重心安排的不同、连接方式的不同等。然而异中有同，在英、汉语中均有介词，有时用法也是相同的。但是汉语介词多数从动词变化而来，有的到现在还难以确定它是动词还是介词。而英语的动词和介词截然不同。由于这一区别，英语介词在汉语中往往要用动词来翻译。例如，to go by bus，坐公交车去；a girl in white，穿白衣服的女孩。诚然，异也不是绝对的异。通过大量的同中有异、异中有同的对比，可克服母语干扰，从而达到正确理解和通顺表达的目的。

（三）翻译教学的主干

翻译技巧是翻译教学的主干。掌握翻译理论和语言对比的规律只是从科学的角度帮助译者了解翻译的实质与原则，开启正确的、完善的翻译思路，而要真正搞好翻译，还需要勤学苦练、潜心实践；另外，还要注意翻译的方法，讲究翻译技巧。借鉴前人已经总结出来的宝贵经验，这些经验包括理解和表达两个方面，反映在翻译的方法与技巧上。例如，从句子形态上看，汉语由于修饰语、定语在前，结构重心经常提前，而英语句子的结构重心经常放在句末，把较长、较复杂的成分放在后面，因此翻译时常需调整词序。

（四）翻译教学的手段

翻译教学是以分析综合为手段的。在翻译中会发现，对于同一个句子可以有多种翻译，语法结构都没有错误，可是肯定会有一个是最佳的。要想翻译得精准，不仅要求译者头脑通达、清晰、锐利，还要有深厚的文字功底。这样翻译出来的句子或文章才会思路完善透彻，语言简洁、清新、优美。

在翻译的过程中，我们要充分运用综合与分析两种手段，即从总体及其系统要素关系上，连点成线，集线成面，集面成体，又对各个层面进行动态或静态的分析观察，透过现象从本质上去观察事物的本来面目。在表达过程中，同样有分析与综合两个方面，分析是手段，综合是目的。

（五）翻译教学的载体

课堂教学是翻译教学的载体，教师通过课堂教学可尽量详解教材，并对知识、技能、过程、方法与感情、态度以及价值观进行相应的引导。课堂教学应努力贯彻以实践为主、以学生为主的原则，大致可包括教师讲解、范文赏析、译文对比、学生练习和练习讲评五个环节。

1. 教师讲解

在课堂上，教师讲解的重点是以英汉语言对比为基础分析译例，提示技巧，把学生对翻译的感性认识提高到理性认识上。

2. 范文赏析

选择一些语言优美而又容易的名人名译，既有赏心悦目之效，又有借鉴临摹之功。

3. 译文对比

选择同一原文的两三种不同的译文，让学生比较揣摩；可比较译文的优劣，也可比较不同的译德译风，择优而从，见劣而弃。

4. 学生练习

练习包括课前复习、课内提问及课后作业，它贯穿于整个教学过程，也是翻译教学中的重要环节。

5. 练习讲评

练习讲评多从两种语言特点的对比和分析着眼，从翻译思维中一些具体障碍着手，不就事论事地纠缠于细枝末节。

以上五个环节中，除了讲解主要由教师承担外，在其他四个环节中，讨论是组织教学的重要形式。讨论本身有不同形式，可以教师引导，学生讨论，也可以老师提问，学生作答，或者师生一起讨论等。通过讨论，可进一步发挥学生学习的主动性，使教师与学生、学生与学生相互沟通，最终使翻译的整体教学得以实现[①]。

二、英语翻译教学的目标

英语翻译教学的目标主要归纳为以下三点：

（一）使学生了解翻译的基本概念、性质、形式和认知过程

在学习的初级和中级阶段，翻译教学要帮助学生了解翻译的一些基本知识，如翻译的基本概念、翻译的主要性质、翻译的各种形式、翻译的重要作用、翻译市场、翻译的主要标准、翻译的基本原则、笔译与口译的种种差别、口译和笔译的基本技巧以及不同语言之间信息转换的过程等。尤其要使学生了解语言知识与认知之间的紧密关系，了解对于翻译而言认知知识的重要性。同时，这些知识的传授要贯穿在教学的各个环节中，需要教师与学生积极互动，也需要学生积极参与。

（二）培养学生的双语思维能力，使其掌握基本翻译技巧与方法

我国学生习惯用汉语的思维来思考问题，但翻译要求人们同时用英语和汉语的思维来考虑问题，因此英语翻译教学要培养学生双语转换思维的能力，这也是翻译教学的重要目标之一。此外，要想顺利进行翻译，还离不开一定的翻译技巧和方法，英语翻译教学的另一重要目标就是使学生掌握尽量多的翻译技巧和方法。

（三）提高学生的双语表达能力

除了要培养学生的翻译技能外，提高学生的双语理解和表达的能力也十分重要。因为翻译涉及的是双语交际的活动，交际活动中使用的语言，其含义有时是字典中提供的含义所不能涵盖的，因此这就需要在翻译前后进行充分的准备，也就使不断丰富学生的百科知识、增强学生的理解和表达能力成为英语翻译教学的目标。

第三节　英语翻译教学的模式与原则

一、英语翻译教学的模式

（一）以学生为中心的教学模式

现代教育观认为，学习的过程是学生主动接受刺激、积极参与意义构建的思维过程，学生是教学服务的对象，教学过程中应以学生为中心组织教学，充分发挥学生的积极性和

① 苗兴伟，秦洪武．英汉语篇语用学研究 [M]. 上海：上海外语教育出版社，2010.

创造性，同时也不能忽视教师的引导作用。这就强调了以学生为中心的教学模式的重要性。

以学生为中心的教学模式呈现出显著的教学特点，主要表现为以下几点：

（1）教学的主要目的是培养学生独立的翻译能力。

（2）教学的重点发生了转移，以教师为中心转向了以学生为中心。

（3）注重学生学习的积极性和主动性。

（4）强调翻译的过程。

（5）关注学生信心的树立，要求教师对学生的作业持积极、宽容的态度。

从学习的认知过程来讲，只有学生主动地参与到学习过程当中，才能快速高效地完成学习任务。在学习的过程当中，学生的主观态度、意识和情感等因素对学生翻译能力的发挥有着重要的作用。所以，在这一模式具体实施的过程当中，教师应善于观察和分析学生的心理特点，并根据学生的特点来适当调整教学，为学生营造一种轻松愉悦的学习氛围，充分调动学生的积极性，激发学生学习的兴趣，使学生勇于发表自己的观点。同时，这一教学模式要求教师结合学生的兴趣、需要、特长以及弱势来组织课堂讨论，以培养学生乐于交流的性格，激发学生的创造性思维，还要求教师对学生的译文持宽容、积极的态度，积极评价学生的优秀译文，树立学生的自信。因此，无论是在课堂或是课外实践中，教师都应将学生置于教学的主体地位，并依据学生的实际情况开展和组织教学。

（二）多媒体教学模式

传统教学手段的局限性和落后性使得现在越来越多的学校和教师开始在课堂教学中运用多媒体这一新的教学手段。在具体的教学过程中，这一教学模式可分以下步骤进行：

（1）在课堂上教师为学生讲解语篇文体特点等方面的知识，帮助学生理解语篇的基本知识，了解语篇的背景知识和语境。这些活动课采用电脑、电视、投影仪等多媒体手段进行，这样可使学生更快地进入角色，对讲解的基本知识有一个深刻的了解。

（2）让学生复述、概括背景知识，教师做必要的补充和纠正，以帮助学生掌握所需了解的内容。

（3）让学生阅读原文，然后独立思考，并着手进行翻译，同时教师帮助学生解决遇到的难题，并做全班讲解。

（4）学生以电子邮件或其他形式提交书面作业，之后教师对学生进行分组，小组内部展示作业，并相互交流发表对译文的不同看法，选出一人将大家的意见综合起来。教师可参与讨论，并对学生的活动和译文做出评价。

从上文不难看出，首先，多媒体教学模式改变了传统翻译教学的模式，学生不再是被动的接受者，而成为积极的参与者。其次，通过多媒体技术，学生可以更容易也更轻松地体会英汉文体的不同风格，领悟英汉语言之间的差异。再次，多媒体含有丰富的教学资源，为教师和学生提供了大量的信息，同时也为教师和学生带来了信息交流的机会。最后，多媒体这种新颖的教学模式调动了学生参与的积极性，激发了学生的自主性，发展了学生联想和创造性的思维。

二、英语翻译教学的原则

提高学生的翻译能力、培养学生的交际能力是翻译教学的最终目的。而英语翻译教学的原则始终贯穿其中，指导和促进着翻译教学的进行。因此，英语翻译教学应遵循五个方面的原则：交际原则、认知原则、文化原则、系统原则、情感原则。

（一）交际原则

交际是语言的重要功能之一，交际也是外语学习的最终目的。外语交际能力主要包括准确接收信息的能力和准确发出信息的能力。而对于翻译教学以及翻译能力的培养而言，交际能力还包含准确转换信息的能力。交际理论认为，语言是表达意义的体系，其主要功能是交际功能，语言的结构反映其功能和交际用途，语言的基本单位不仅仅是它的语法和结构特征，还包括反映话语中的功能和交际意义的范畴。所以，在英语翻译教学的过程当中，教师应始终遵循这一原则，在该原则的基础之上培养学生的翻译技巧和能力。

（二）认知原则

学生通常会在自己原有知识的基础上来学习和接受新的知识，同时也会依据自己的认知特点以及自己原有的思维方式采取不同于其他人的学习方法和策略。所以，在翻译教学过程当中，教师应遵循认知原则，充分考虑学生的不同特点，并针对学生的特点设计出能够激发学生兴趣、调动学生积极性的活动模式，引发学生积极进行思考，培养学生自己的学习方法和策略，发展学生的翻译技能，使学生实现有效交际。

（三）文化原则

外语学习本身就是一种跨文化交际活动，翻译学习更是如此，它要求学生必须了解不同语言国家的政治体制、经济模式、思维习惯、生活方式、风土人情、表达习惯等。所以，在翻译教学中，教师要时刻谨记这一原则，并将学生置于跨文化交际的语境之下，重点培养学生跨文化信息转换的能力，使学生切实感受到只顾语言的对应、不考虑不同国家之间的文化差异是难以达到交际目的的。

（四）系统原则

语言是一个庞大而完整的系统，其内部的各个成分和要素之间都是密切联系的，并且有规律可循。翻译教学亦是如此，它是一个烦杂的系统工程，也有着自身的规律和方法。因此，在翻译教学过程当中，教师应遵从系统的原则，根据翻译的本质、翻译教学的基本规律以及学生和社会的需求，制定系统而科学的教学大纲，以培养学生的翻译技能，增强学生的英语能力，提高翻译教学的效率。

（五）情感原则

在英语翻译教学过程当中还应遵循情感原则，因为在翻译的学习当中，学生的学习动机、学习态度、学习兴趣、学生自身的性格都会影响学生的学习效果。所以，教师应不断引导和调控学生的学习态度以及学生的个人情感。

第四节　英语翻译的主要方法

在英语翻译中，翻译方法的掌握尤为重要。本节我们主要介绍一些常见的翻译方法。

一、图式方法

图式实际上是一些知识的片段，它以相对独立的形式保存在人的大脑记忆中，对言语的理解其实就是激活大脑中相应的知识片段的过程。人从生下来开始就在同外部世界接触的过程中认识周围的事物、情景和人，同时在头脑中形成不同的模式。围绕不同的事物和情景，这样的认知模式形成了有序的知识系统。图式是人的头脑中关于外部世界知识的组织形式，是人们赖以认识和理解周围事物的基础。如果在面对新的信息时，我们的大脑没有形成类似的图式，就会对理解产生负面的影响。因此，将“图式”引入翻译教学当中意义十分重大，这样可以激发学生头脑中与文本相关的图式，使学生对原文有一个正确的理解。

在翻译时，教师可以为学生提供一些需要激活图式才能正确理解的语言材料，然后要求学生根据这些材料进行翻译。同时，教师要帮助学生记忆语言的形式和功能，帮助学生调动相关的图式，以帮助他们修正和充实对事物的认知图式。

二、推理方法

推理是从已知的或假设的事实中引出结论，它可以作为一个相对独立的思维活动出现，经常参与许多其他的认知活动。这里的推理并非译者凭借想象所做出的随意行为，而是文本结构的内在特征。翻译时，人们在看到文本的内容后，往往会根据已有的知识经验做出一系列推理，这些推理为译者提供了额外的信息，把文本中的所有内容联系起来，使人能充分理解每一个句子。因此，在翻译教学过程中，教师要有意识地给学生介绍一些常用的推理技巧，如利用逻辑词进行推理、根据作者的暗示进行推理、根据上下文进行推理等，以培养学生的推理能力。

三、语境方法

所谓语境即言语环境，既指言语的宏观环境，又指言语的微观环境。宏观语境是话题、场合、对象等，它使意义固定化、确切化。微观语境是词的含义搭配和语义组合，它使意义定位在特定的义项上。在翻译的过程中，这两种言语环境都要考虑到，因为只有两者结合才能确定话语的含义。同时，译者不仅要依据自己的语言知识获取句子的意义，还要根据原文语境中的各类信息进行推理、思辨，获取原文作者想要表达的深层意图，进而确定相应的译文，准确地表达原文的意思。

语境在翻译中起着至关重要的作用，翻译中的理解和表达都是在具体的语境中进行的，词语的选择、语义的理解、篇章结构的确定都离不开语境，可以说语境是正确翻译的基础。因此，在具体的教学过程中，教师要引导学生在理解原文的同时紧扣语境，反复推敲，以达到准确、传神地传达原文意义的目的。

四、猜词方法

所谓概念能力是指在理解原文过程中对语言文字的零星信息升华为概念的能力，是原文材料的感知输入转化为最佳理解的全部过程。学生的概念能力在翻译中起重要作用。一个学生在词汇贫乏时，对词句、段落形不成概念；在对关键词在原文中的含义不甚理解的情况下，得不到文字信息的反馈，就会对内容胡乱猜测。所以要指导学生使用猜词方法。

翻译中的猜词方法包含以下几种：

（1）根据词的构成猜测生词词义。这是比较常用的一种方法，它要求学生掌握一定的构词法知识，特别是词根、前缀、后缀的意义。

（2）利用信号词。所谓信号词就是在上下文中起着纽带作用的词语。这些词语对猜测生词词义有时能起很大的作用。

（3）根据意义上的联系猜测词义。句子的词语或上下文之间在意义上常常有一定的联系，根据这种联系可以猜测词义。

（4）结合实例猜测生词词义。有时，在下文中给出的例子是对上文中提到的事物加以解释，可以结合例子中常用词猜测所要证明的事物中的生词词义，反之，也可以猜测例子中的生词含义。

（5）通过换用词语推测生词词义。在文本中常会使用不同的词语表达同一种意思、难易词语交换使用的现象，据此可猜测生词词义。

第五节 英语翻译的文化因素

从来没有一种语言是单纯产生的，语言总是在多种文化因素的相互或者综合作用下形成的。对于英语来说，也是在一定地域、一定的文化空间内逐步成长并在现实生活中起作用的。正是因为英语翻译是建立在不同文化之间的沟通与交流基础上的，是文化交流的一种方式与途径。所以，英语翻译从客观上来说，就担当着这种沟通不同文化与不同文化之间差异的角色，一篇英语翻译的质量与水平如何，决定着文化沟通的程度如何。在全球化视野之下，语言翻译更多的是承担着一种文化沟通与交流的功能，只有从语言学的视角下真正认识英语翻译的文化功用，才能对英语翻译有深刻的、根本的理解。同时，英语翻译作为不同文化之间交流的一种方式，要把相关的文化因素考量进来，只有真正地把文化因素考虑到英语翻译的过程中来，才能保证英语翻译的质量与水平，也才能实现英语翻译的最终目的。

一、英语翻译实质是两种文化的沟通方式

语言的最终目的是要服务现实生活中的人，为现实生活中的人们提供服务。表达人的思想、想法以及对事物的看法，是语言的基本功能。从这个意义上来说，语言又具有一定的独立性。这是因为语言都是建立在生活在一定地域的人们之间的，是为了满足相应地域人们的生产与生活需要而产生的。这就出现文化沟通的必要，英语作为产生在英语国家的一种语言形式，从其产生的本质意义上来说，当然是为了满足英语国家人们的需要，促进英语国家人们的生产与生活，满足他们的精神生活。

英语翻译正是建立在两种具有不同文化背景或者语言背景的地区之中，因为从来没有一种或者两种语言是在同一文化背景下产生的，英语翻译实质上就是这两种不同文化的翻译结果。首先，英语翻译的目的，正是基于文化背景的不同。人作为一种社会性动物，对于现实世界的好奇心从来不会减弱，而只会随着对世界认识的加深而逐步加深，这是人类生活的本质。英语作为产生在不同文化背景下的语言，从本质上来说，承载着那个地域人们的生活理念、生活方式乃至生活状态。这种基于文化背景的不同所产生的差异，需要英语翻译来实现文化差异的互补，达到人们彼此交流文化背景与文化根源的目的。其次，英语翻译实质上就是人们文化交流的过程。人们之间需要文化交流，更需要在交流的过程中，实现对世界的真实认识。从哲学上来说，人们不是具有无限理性的，人们的理性实际上仅仅限于眼前的事物，对眼前的事物的认识实际上就是人们的理性所能达到的最高程度。一方面，人们需要认识现实世界，来指导人们的生活行为;另一方面，人们又缺乏一定的工具来认识世界，这些在客观上都使得人们认识世界的方式或者方法具有一定的局限性。所以，人们之间的文化交流实际上就是英语翻译的出发点与落脚点，这也是人们进行文化交流与沟通的必要前提。

二、英语翻译的语境化翻译本质上就是一种文化翻译

谈论语言的运用总离不开对语境的解读，毋庸置疑，语言总是在特定的语言环境中产生并获得生命力的。英语翻译的一个最为显著的特点就是要真正地考虑到英语表达在特定的语言环境中的具体含义。因为任何语言总是在要一定的环境中来表达的，不同的语言环境一定需要不同的语言表达形式。甚至在同一语言环境中，也会具有多种语言表达形式，

在英语翻译过程中，要特别注意语言环境对英语翻译的影响，真正地把语言环境考虑到英语翻译中，既是英语翻译的迫切需要，也是准确进行文化交流与沟通的现实需要。

语境化地对英语进行翻译，要求英语进行文化翻译必须注重以下几点：第一，把英语原文置于其所表达的特定的语言环境中。任何一种语言总是在一定的语言环境中来表达的，把英语语言还原到特定的语言环境中来，是理解英语语言的特定方式，也是最大限度地还原英语真实含义的办法。换言之，只有把英语还原到其表达的具体环境中来，才能理解英语表达的本质。第二，语境化还原英语翻译，实际上就是一种文化翻译方式。不同的语言在不同的语言环境中，必定具有不同的表达方式，对于英语与汉语来说也是如此。语境化翻译英语，实际上就是英语文化得以体现的一种具体方式，也是把英语置于一定的文化背景之下，力图使读者理解英语含义的真实方法。高度重视语境化的英语方式，就是高度重视英语翻译的质量。

第六节　中西文化差异与英语翻译

作为目前世界上通用的语言之一和使用人数最多的语言，英语和汉语在整个世界范围内的影响力都不容小觑，就这两者来说，文化基础显著不同，反映出相应的历史传统和民族文化也不同。在汉语学习的过程中，即使很多因素与文化背景之间关系密切，也不会影响到对文章的理解。但是在英语学习的过程中，即使知道所有词汇的含义，有的时候也很难将其真实含义准确无误地表达出来。导致这一现象的主要原因是两者之间的文化差异。当形成某一种语言的时候，会与一定的历史背景、地理条件等因素相关，而且在认识语言的时候，也需要充分结合相应的文化背景，因此可以说文化与语言是密不可分的。语言实质上属于一种特定的文化，人类的言行举止会受到当时特定社会环境和特定语境的影响，同时也会在一定程度上产生制约作用。由于人们生活在特定的文化体系中，这种文化会在潜意识中支配人们的行为活动。而对于文化来说，体现出相应的文化形态、文化个性以及民族性，如果在语言层面反映这种文化形态差异的话，就会表现为语言差异。由此可以得出，在翻译过程中中西方存在的文化差异必然会对其造成影响。因此，为了消除这些差异，在翻译的过程中就需要加深对相关文化的了解，如人情风俗、历史背景、社会经济背景等多个方面。通过这种方式，就能够掌握两者之间的联系，进而提高翻译质量。

一、中西文化存在差异对英语翻译的影响

对于我国和西方国家来说，无论是历史，还是人们的生活习惯、思维方式等多个方面，其差异都较为明显，这样就会导致文化出现一定差异，因此必然会在一定程度上影响英语翻译。总地来说，在英语翻译过程中所受到的文化影响主要表现在意识形态、历史、风俗

习惯、地域等多个方面。

（一）在意识形态方面存在的差异

对于英语单词来说，与我国某些词汇一样，具有特定的含义和象征意义，但是由于我国与西方国家文化的不同，在最终的词汇理解方面也就体现出明显差异。由于双方的意识形态方面存在差异，必然会导致其在理解方面有所不同，这样在英语翻译的过程中肯定会存在一定的偏差，导致原文与译文之间出现较大偏差，因此在英语翻译的过程中需要加强注意，以免造成理解困难。

（二）在历史文化方面存在的差异

民族战争、民族同化、民族迁徙等各方面的因素都会对人类的历史文化产生严重影响，同时语言发展进程也会受到一定程度的影响。例如，All roads lead to Rome、Rome was not built in a day、Do in Rome as the Romans do 等短语都表示特定的含义，是在特定的历史环境下形成的，如果在翻译过程中不了解这段历史文化背景的话，就必然会形成偏差。每一个国家和民族的发展历史都不尽相同，这就会大大增加了翻译难度。对于历史文化来说，是对各种历史典故的充分展现，表现出鲜明的民族色彩和历史个性。比如“项庄舞剑，意在沛公”一词，由于这是我国的历史典故，如果仅仅翻译表面含义的话，则不能将该词的内涵体现出来，在翻译的过程中如果用英语成语来替代，就能够将其翻译成“to have an axe to grind”，这样就能够充分表达出别有用心的内涵。

（三）在风俗习惯文化方面存在的差异

在风俗习惯中，能够将某一地区人们的生活方式、生活习惯等充分展现出来，会受到多个方面因素的影响，如文学艺术、宗教、经济、政治等，所以在这种社会环境下，就会形成特有的用语习惯。比如“all at sea”一词，从字面意思来看的话可以翻译成“都在海上”，但是联系英国人用语习惯的话，该词则表示茫然不知所措。因此在翻译的过程中，需要充分考虑词汇中的联想意义、情感意义、风格意义以及内涵意义等多个方面。

（四）在地域文化方面存在的差异

地域文化指的是在不同的地理环境、自然条件以及地域条件中逐渐形成的一种文化，主要是表现出人们对待某一事件的表达方式和态度。比如“东风”一词，在汉语词义中表达“草长莺飞、温暖和煦”的意思，但是在西方文化中则表示“砭人肌骨”的寓意；如“biting east winds”，与“古道西风瘦马”中“西风”一词较为相近，而在西方国家文献中则是用“温暖”“和煦”等词汇来形容西风。导致这一差异出现的原因主要就是中西方地域差异，我国的地理位置是东临大海，因此东风更加舒适；而西方国家是西临大海，自然西风更加温暖宜人，因此在翻译的时候需要格外注意。

二、消除文化差异影响的有效措施

中西方文化之间的差异是客观存在的，为了避免在翻译过程中出现差错，就需要采取相关的措施来降低影响，增强两者之间的和谐。

（一）附加注释

针对一些具有特定含义，或者是在特定场景中具有特殊含义的词汇，在翻译的过程中可以直接附加注释，这样不仅能够完成翻译，同时词汇含义也能够完美地诠释出来。比如“东施效颦”，如果直接翻译的话，一方面不能表达出该词所表达的情景，另一方面也会增加读者的理解难度，因此在翻译的过程中就可以通过注释来解释“东施”的身份，以便读者理解。

（二）在译文中增词达意

在翻译过程中为了将原文文化色彩完整地保留下来，通常会采用直译的手法，但是这样会加大读者的理解难度，因此就可以在此基础上适当应用解释性的词汇，在保证原文意思没有出现误解的同时，帮助读者更好地理解。

（三）替换词汇

英语翻译过程中，受到两者之间文化差异的影响，并不是直接用概念意义相似的词汇或短语来表达文化意义相似的词汇或短语，而是用文化意义中相似的词语进行替换，这样不仅保留了原文中的含义，同时也符合读者的思维习惯。比如“不分青红皂白”，就可以将其中的“青白”省略，将其翻译成“Unable to distinguish black from white”。通过简化也能够完整地表达出词汇的含义，又如“as thin as a shadow”短语，其字面意思可以解释为“瘦的像影子”，由于在汉语中不存在这种表达方式，存在理解差异，因此在翻译的过程中就可以用“瘦的像猴子”来替换，这更加接近读者的思维方式，进而充分表达出短语含义。

（四）意译

对于有些词汇来说，文化含义浓厚，如果仅仅采用直译的话，则很难将其中的文化意义准确传达出来，如果用其他词汇替换的话，又可能会出现理解偏差，在这种情况下就可以使用意译法，实质上就是采用与原文较为相近的词汇或短语来表达具有浓厚文化含义的词汇或短语，进而有效地解决这一问题。比如“革命思想”这一词汇就可以翻译成“red ideas”，这就是采用意译的方式，其中“red”可表示进步、革命之意，然后搭配“ideas”就能够很好地表示出“革命思想”这一含义。

总地来说，虽然汉语和英语之间表达方式存在着较多相似或相同的地方，但是在实际应用的过程中还是凸显出了其个性化特征，正是由于这种表达上的差异，才会在翻译过程中造成困惑和误解，增加读者理解难度。因此，在英语翻译的过程中，为了消除这种影响，就必须加强对文化因素的充分考虑，通过对当地宗教、文学艺术、政治文化、历史地理、风土人情等多方面文化的了解，站在文化、民族的层次去理解，只有这样才能够尽可能地缩小在英语翻译中表现出的文化差异，进而更好地理解原文中的含义，并保证译文与原文之间最大限度的一致，满足人们的阅读需求，加强文化交流。

第七节　功能翻译理论下的英语翻译

功能翻译讲求翻译将原作者、翻译人员与读者构建一个整体，着力保证原文与读者的互动，更好的传递作者的意图，达到对主客体条件充分的考量，更好地发挥翻译技巧的价值，达到提高翻译有效性目标。

本节在解析功能翻译理论的基础上，研究功能翻译对英语翻译的技巧，从而提高功能翻译的有效性，全面展示功能翻译的价值。

一、功能翻译的理论内涵与价值

（一）功能翻译

功能翻译主要指的是满足读者需要的翻译，强调读者与原著之间进行有效交流，是在长期实践与积累中形成的实用和可操作性的翻译方法。功能翻译基于对原著的充分理解，注重使读者在译文中感受原文的精华。

（二）主要价值

功能翻译有效地消除了传统基于逐字逐句翻译的弊端，提高了翻译的效率，而且更有助于读者把握原著的内涵。翻译工作要更好地协调各种条件与因素，达到有效的翻译目标。

二、功能翻译视角下的翻译原则

（一）明确目标

基于功能的翻译是一种有目的的工作，翻译的过程中要满足读者对原文的期待，强调达到文本与读者进行交流的目的，在有效统筹中西方语境差异的基础上，更好地让读者接受原文，基于功能翻译理论的英语翻译力求达到通俗易懂。功能翻译从根本上摒弃了逐字逐句翻译的理论，强调结合特定的语法与句法结构进行翻译，翻译行为不仅要尊重原著，而且更多为读者服务，这样才能实现翻译的价值，并且达到翻译的目标。译文的翻译需要根据接受者的阅读目标而定，在翻译的过程中应当充分考虑接受者的文化水平、生活背景，以及对作品的期待。只有充分考虑读者的情况，才能恰当决定使用哪种翻译方法，这样才能提高交流语言的有效性，通过简明扼要的翻译方法实现有效释读的目标。

（二）忠于原著

基于功能翻译理论的英语翻译强调忠于原著，能够在中西方文化融合的背景下更好地保证原著的意境。基于原著的英语翻译一方面全面考虑了中西方文化的习俗，另一方面要求翻译者对中西方文化有深入的了解，做到根据作品的实际情况进行灵活的切换，从而实现原文与译文的有效配合，有效消除翻译时的背离问题。基于功能翻译的方法更注重从读者的需要出发，强调达到文化交流的目标，要求在翻译的过程中把握好语境，让读者更清晰地了解原文的主题思想。忠于原著的英语翻译还要达到内容与形式的统一，能够通过有效的形式反映文本的中心思想，按照形式服务于内容的方式，达到对翻译内容的深度体现。忠于原著的翻译还要适当地运用修辞方法，在修辞的运用时体现原著的情感色彩，有效地描述原著的情节，让读者在翻译中体会到作品的深刻内涵。

（三）实用有效

实用性也是功能翻译理论应遵守的基本原则，功能翻译要讲究实用性的特征，做到篇内与篇外一致，在翻译的过程中要达到原文与译文保持一致，并且保证翻译的连贯性，不仅要尊重原文的创作者，也要尊重译文的接受者，在翻译时应当达到文章实用的目标。

三、功能翻译视角下的翻译方法

（一）口译方法

基于功能翻译理论的英语翻译技巧更强调在翻译的过程中尊重作品的文化与语境，强调知晓作品中所有词汇的意思，注重根据语篇语境进行稍加推理。口语翻译强调即时性的特征，强调达到体现前瞻性的翻译目标，注重在翻译时根据具体的语境进行翻译，在口语翻译时应当融入当时的语境、动作、神态等内容，从而达到语义与文化思想的结合，进一步提高翻译者的反应能力，真正地在口译中达到展示思想观念、提高翻译语言的组织能力、使得翻译拥有更好的目标。口译应当具有即时兴、实用性的特征，在表达上使用恰当的方法。功能理论视角下的翻译不强调还原双方的原话，而是要在准确理解意思的基础上进行有效表达，从而发挥语言为有效交际服务的目标。

（二）意译方法

意译方法主要指的是在英语翻译时不能只从作品的字面意思出发进行翻译，在翻译时还要注重中西方文化的差异，强调在翻译时有效解决约定俗语翻译的问题，更要做到在各自的背景下进行深入翻译的目标。因此，翻译人员应当熟悉中西方文化的特征，能够利用一些特殊的语境进行翻译，在翻译时还要调整词语的顺序，注重合理的增减词汇，意译时还要注重合理词语顺序的改动，注重适当地增加删减词汇，这样更有助于对原文的含义进行充分的表达。例如，他离家非常远，什么都靠自己，可以翻译为他孤身一人而且无亲无故。这样可以达到简单扼要的翻译目的，准确体现文本词汇的深刻含义。为了达到意译的目标，还要根据原文合理的使用有效的修辞方法，注重根据内容与形式掌握一定的翻译技巧，发挥修辞与句型结构的辅助价值，真正做到在意译的基础上表达情感，全面体现翻译的生动性。

（三）灵活翻译

基于功能的英语翻译更注重翻译的实用性。只有体现出翻译的灵活性和神韵，才能达到掌握原文意思的目标。基于原文的功能性翻译应当对原文的结构布局有一定的把握，体现出对原文结构的深刻把握和理解，在贴近原文的基础上，使读者更加准确地接收信息。因此翻译者在翻译时还要对原文的内容、语言习惯、描写方式进行整理，不能只片面地翻译，有效消除翻译的碎片化问题，注重翻译时的层次递进性，掌握翻译的基本法则，更好地展示作品的精髓。

提高功能翻译的有效性，还要明确翻译技巧，创新翻译的有效方法，着力在优化选择语言素材的基础上，全面提高翻译的针对性，在忠于原文的基础上，实现对翻译作品的创新，达到高质量翻译的目标。

第八节　功能对等视域下的英语翻译

在全球一体化发展趋势逐渐加剧的今天，英语作为一种重要的国际通用语言，在国家政治、经济、文化、教育等的发展进程中发挥着越来越重要的作用。因此，英语教育、英语人才培养、英语翻译等逐渐成为社会广泛热议的话题。本节从英语翻译的角度，就功能对等视域下的英语翻译策略展开了深入的研究与探讨。在对功能对等相关理念内涵，以及其在英语翻译中的具体应用策略等进行详细探究的基础上，分析了功能对等视域下的英语翻译技巧与翻译策略。希望借助以下研究探讨能够进一步促进功能对等理论在英语翻译中作用的发挥①。

随着国际化发展，人际交流与国际信息互动不断增多，英语翻译对国际交流的作用也越来越明显。因此，我国十分重视对英语翻译人才的培养。而功能对等理论是英语翻译的重要理论指导，能够提高英语翻译质量，加强人们的活动与交流。并且，按照功能对等理论进行英语翻译能够保证翻译信息的统一性，确保翻译工作的顺利进行。在这种情况下，应该加强对功能对等理论的研究，加快探索功能对等视域下的英语翻译，以保障翻译的高质量和信息交流的完整性。

① 赵颖．新编语用学概论 [M]，北京：中国商务出版社，2015.

一、相关概念概述

（一）功能对等理论内涵

功能对等理论强调英语翻译的语言形式，重视对翻译过程中特殊现象的分析和处理，在翻译过程中不会只注重文字外在内涵和文字的表象特征，而是在文字基础上对英语和汉语的关系进行研究，进而优化翻译效果，使翻译更加完整。并且，功能对等理论将英语语言形式与汉语语言形式相结合，形成了多样化与灵活性的翻译体系。

（二）功能对等对英语翻译的作用

英语翻译的主要目的是实现双方的信息交流。随着人们信息交流的增多，各行业对英语翻译的要求也越来越高，英语翻译必须确保翻译的专业性和精确性。而功能对等理论能够加强翻译人员对翻译领域的了解，使其掌握英语翻译的技巧，进而增强翻译的准确性，提高翻译效率，加强互动交流。因此，功能对等理论能够实现对英语翻译的指导和促进作用，有利于翻译工作的有序开展。

（三）功能对等在英语翻译中的应用

词语翻译需要遵循一定的翻译原则。具体来讲，英语翻译的专业性较强，需要加强对词语与专业术语的全面了解，避免翻译失误对活动交流造成阻碍。同时，语句的翻译要根据功能对等理论实现所翻译的句子与原句之间的对等。根据翻译的实际情况，如果直译能够准确表达原有文本的含义，翻译者可以采取直译的方法进行翻译。并且，为了实现形式对等和功能对等，翻译人员可以对原有句子的结构进行调整，然后再进行翻译。在功能对等视域下，语篇的翻译必须保证语篇功能的对等，全面掌握语篇的内容，对文中的句子和词语进行整体分析。明确原文风格，在不改变原文风格的情况下进行翻译。

二、功能对等视域下英语翻译的技巧

（一）语言意义对等

语言意义对等是功能对等视域下英语翻译的重要目标，因此，翻译人员在英语翻译过程中应积极了解原文的内容，在翻译的时候使译文能够准确地表达原文的内容和意义，避免信息翻译错误对信息交流的影响。并且，在功能对等视域下，英语翻译应做到语言意义的对等，加强对词汇、词句和语篇的了解，保证词汇意义、词句意义和语篇意义的对等。同时，在涉及不同专业词汇的时候，英语翻译应深入了解专业词汇的意义，实现对专业词汇的合理翻译，确保专业术语的意义不变。

（二）语言风格对等

语言风格对等是功能对等视域下英语翻译的重要目标，对英语翻译的有序开展有着巨大的促进作用。因此，英语翻译应重视语言风格的对等。并且，由于英语翻译具有较强的专业性，翻译人员需要充分了解原文的风格特征，在翻译过程中保留原文风格特征，对语篇、词语和词汇进行合理翻译。另外，在翻译过程中，翻译人员应做到言简意赅，注重细节，避免细节疏忽而导致语言风格的改变。

三、功能对等视域下英语翻译的策略

（一）直接翻译

直接翻译是英语翻译中常用的翻译方法，具有直接性和便利性的特点。在翻译过程中，翻译人员应根据翻译内容科学制定翻译策略，确保翻译的针对性，使译文能够准确表达原文的意义。而直接翻译能够对一些基础的词汇和句子进行翻译，并保证意义的对等性。并且，直接翻译还能够实现功能形式的对等，便于人们对译文的理解。因此，翻译人员在功能对等视域下可以使用直接翻译的策略对文章进行翻译，确保译文和原文意义、功能、形式方面的对等。

（二）归化翻译

影响英语翻译的因素众多，主要包括语言本身、语言背景、语言文化等。在翻译过程中如果采用单字翻译的方式会导致语言对等无法实现。在这种情况下，英语翻译人员应在功能对等理论的指导下采取归化翻译策略，加强对原文中心思想的了解，全面掌握原文中的专业术语，把握原文的语言风格。并且，翻译人员应在了解原文主旨的基础上，使译文能够再现原文内容，增强英语翻译的生动性。为此，翻译人员应对词汇、专业术语、句式等进行灵活运用和变通，避免翻译不准确的现象。另外，翻译人员要能够准确表达专业术语的内容，确保专业术语翻译的精准性，避免专业术语译文与原文不对等的现象。

功能对等理论是英语翻译的重要指导理论，能够促进英语翻译工作的有序进行，对英语翻译工作开展具有巨大的促进作用。因此，我们需要加强对功能对等理论的重视，积极掌握功能对等视域下英语翻译的技巧和方法，并结合实际情况根据功能对等理论采取直接翻译策略和归化翻译策略，加强对英语文化的学习，不断提高翻译人员的素质，进而提升英语翻译效率，促进翻译工作的有序发展。

第四章　英语翻译的理论与实践研究

第一节　英语翻译实践中的母语负迁移

在英语翻译中，语言迁移现象明显，它是母语对目的语的作用和影响，母语迁移包括正迁移和负迁移，本节提到的母语负迁移是指母语与目的语之间存在着许多不同，从而影响了目的语的翻译。因此，需要我们对不同语言的文化背景做深入的了解，以免由于表达方法、说话习惯的不同造成翻译的不准确，在英译汉的过程中，当出现英文与汉语的说话习惯不同时，我们往往采用汉语的习惯，这是母语负迁移产生的主要原因。为了了解母语负迁移的影响，我们对母语负迁移的表现做了具体分析，并提出了相应的解决方案。

一、英语翻译实践中母语负迁移的主要表现

（一）词汇方面的负迁移

准确的英语翻译的前提是对英语原文的意境和语法进行深刻的了解，要做到这一点，就要求翻译人员对英语句子中的基本词汇进行准确的理解，但是在实际的翻译过程中，常常会出现词语翻译错误的现象，原因是没有掌握词语的真正含义，而是简单地把词汇进行罗列，比如具有一定文化背景的词语，Adam's apple 直译成亚当的苹果显然不准确，这就是一种母语迁移。还有，不是在每个句子中，英语单词和汉语的意义都能一一对应，受不同文化背景的影响，英语和汉语词汇中都有很多特有的词汇，这样就使目的语词汇在表达上不清晰，甚至失去了词汇本身的意思，比如中文中的宫保鸡丁，在英文中无法找到与之相对应的词汇，这时候往往受母语负迁移的影响，将其直译，造成词不达意的现象。

（二）句法方面的负迁移

英语与汉语的句法基本上没有大的差别，但是也有一些细节上的差异，它们之间最明显的差异，就在于形和意，英文更重视句法结构的形合，靠的是语法结构，而汉语更重视意合，靠的是句子内部紧密的逻辑关系。所以，在结构上，我们可以发现，英语的句法比较严谨古板，而中文的结构简单明了，因此只有认真了解英语和汉语在结构上的不同，才能在翻译过程中，按照不同的句法结构做正确的翻译；在句法上，有很多时候，英文和汉

语说话的语序不同，需要做出大的调整，才能保证翻译的正确，如昨天晚上，在小红家，小红的妈妈给我讲了一个故事，很容易按顺序翻译，而实际上在英文中，通常将表示修饰的状语放在句子的后面，如果对这些不了解，就会造成句法的负迁移，影响翻译的质量。

（三）篇章结构方面的负迁移

在英语翻译过程中，对文章的整体把握很重要。英语和汉语在文章的整体结构上没有大的区别，每个段落表达不同的主题，但是两种语言在文章结构方面有很多不同，所以在翻译时要兼顾文章结构上的不同，对文章结构以及段落设置做出适当的调整，不仅要保证文章结构完整、逻辑性强，达到尊重原文的目的，又要符合语言的表达习惯，从而减少文章结构上的负迁移。

二、在英语翻译实践中避免母语负迁移的策略

母语负迁移对英语翻译的影响很大，对英语翻译者来说，正确地了解母语负迁移对其正确的翻译英文也很重要，这就要求他们采取积极有效的措施从而避免母语负迁移现象。具体方法为：首先，对英语词汇进行累计，对其含义进行分析比较，尽最大努力防止词汇负迁移。在英语翻译实践中，受历史文化背景和习惯的影响，英语和汉语的词汇上差异很大，我们要充分认识到这一点，深入了解民族文化，避免英语翻译过程中词汇方面的负迁移，提高翻译水平。其次，就是对英语和汉语的句法结构进行仔细分析比较，了解英汉两种语言在句法结构上的差别，尤其是英汉之间句式的不同。要避免在句法上发生负迁移，就要深刻地了解英汉两种语言句意和句子顺序的不同。同时，翻译者还应该在更深的层次上，对英汉两种语言进行深刻的分析，了解英语和汉语之间的文化差异并合理使用，在英语翻译过程中要尽最大努力来减少翻译上的错误，减少母语的干扰，避免英语翻译过程中母语负迁移的发生，提高翻译者抵挡母语负迁移的能力。最后，在英语翻译过程中我们还应该从全局出发，避免片面地对原文的词汇、句法进行翻译。总之，在英语翻译实践中，充分把握和落实好原文，从整体上把握文章的宗旨，理解好文章的意境和上下文之间的关系、字句之间的关系，从而减少负迁移的影响。

母语的负迁移对翻译有很大的影响。因为不重视或者对文化背景的不了解而造成母语的负迁移，会导致翻译不准确。英语翻译中母语负迁移的主要表现有在字词、句法和篇章结构方面的负迁移，为了实现翻译的准确无误，要求翻译人员了解相关的文化背景，尽量控制母语的负迁移，提高英语翻译的质量。

第二节　英语翻译专业实践教学模式

随着我国在经济、政治、文化等方面对外交流活动的日益频繁，各个领域对翻译人才

的需求也愈加强烈。虽然每年都有新的从事英语翻译的人员进入翻译行业，但仍然出现英语翻译人才紧缺的现象，无法满足翻译市场对英语翻译人员的实际需求。英语翻译人才的培养工作就变得越来越重要，而且具有一定的挑战性。因此，对英语翻译专业实践教学模式的探索也越来越有现实意义。

一、实践教学模式探索的意义

继2010年上海世博会以来，我国对英语翻译人才的需求急剧增加。虽然每年有大量的英语专业或英语翻译专业的毕业生，但其中从事翻译行业的毕业生却不尽如人意。究其原因，学术型翻译人才培养模式与翻译市场对应用型英语翻译人才的需求相背而驰，所以很多英语专业或英语翻译专业的毕业生虽然理论功底深厚，但翻译实践能力薄弱，不符合翻译市场的需求。因此，对英语翻译专业实践教学模式的探索迫在眉睫，是英语翻译人才培养工作的重中之重。

二、实践教学模式的六环节

在英语翻译实践教学过程中，有六个重要的环节相辅相成，是提高学生翻译实践能力的重要手段。

（一）实践创新项目

实践创新项目能够充分调动学生学习的积极性、主动性和创造性。鼓励和引导学生积极申请校级、省级和国家级大学生创新创业训练计划项目，不仅可以提高学生的创新思维和创业意识，还能增强学生的创新能力和创业能力。在专业教师的指导下，英语翻译专业学生可以通过实践创新项目服务地方经济建设。还可以将大学生实践创新项目做成指导教师教改科研项目的子课题，以此提高教师的教学科研效率，达到教学相长的目的。

（二）翻译资格证书考试

中国的翻译职业化进程发展迅速，中国的翻译资格考试体系已建立并得到逐步完善。鼓励学生参加各级各类的翻译资格证书考试，既是对学生翻译能力的综合检验，也是学生顺利就业的基本保证。

（三）翻译竞赛

英语翻译大赛不仅能够检验学生的翻译实践能力，还能提高学生的学习兴趣和学习动力。目前我国主要的英语翻译大赛有中国翻译协会主办的韩素音国际翻译大赛和全国口译大赛、四川外国语大学主办的语言桥杯全国翻译大赛和华东师范大学主办的《英语世界》杯翻译大赛等。鼓励和支持学生积极参加各级各类的翻译比赛，促进学生参与校级、省际和国际的翻译实践交流，以此提升学生在翻译实践中翻译技巧的应用能力。

（四）社会实践

通过参与和翻译主题相关的社会实践活动，可以使英语翻译专业学生了解翻译市场对翻译人才的需求程度，了解翻译公司或者企事业单位对翻译人员业务能力和职业素养的要求程度，提升学生理论联系实际解决问题的能力和与人沟通的能力。

（五）基地实习

基地实习是英语翻译专业学生在完成全部课堂教学计划之后进行的翻译职业体验和实践。实习期间，学生将把所学的翻译理论知识和翻译实践技巧应用到翻译实践活动中解决具体问题。高校应该积极推进实习基地的多元化，翻译实习基地不仅可以是翻译公司，也可以是企事业单位。实习可以是集中实习，也可以是自主实习，通过丰富的实习形式提高学生的翻译职业素养和翻译实践能力。

（六）毕业论文

毕业论文可以培养学生提出问题和解决问题的能力，提高英语翻译专业的学生撰写翻译实践报告的比例。翻译实践报告由翻译实践和报告撰写两部分组成，翻译实践部分不仅能够培养学生翻译的独立性和自主性，还能够检验学生的真实翻译水平。报告撰写不仅能够培养学生的总结和反思能力，还能锻炼和提升学生解决翻译困难的能力。

英语翻译专业实践教学需要重视实习实训教材的建设，也要重视师资队伍的建设，更要重视实践教学管理制度的建设，以此提高应用型和复合型英语翻译人才培养的质量，为我国在对外经济、政治和文化的交流活动中做出更多的贡献。

第三节　科技英语翻译理论和实践的关系

科技英语是科学技术工作人员进行科学研究和学术交流时所使用的英语，是一种科技类文体，主要特点就是用词准确和语言简练，有效地表达说话者所要表达的客观内容，保证语言条理清楚、内容准确，能够使用较强的专业性和实用性语言进行英语表达。我国在进行科技英语翻译的过程中，一定要保证以上翻译特点，使翻译的文章尽可能准确，能够突出原作者的思想观念以及风格特点等。汉语和英语本身就是两种不同类型的语言体系，其在行文习惯以及修辞方式和词语表达方面都存在一定的差别。一般情况下，英语科学技术类文章结构严谨，且具有较强的逻辑性，上下文之间比较通顺。在科技英语翻译过程中经常会出现词语替代等情况，这些都需要翻译工作人员具有一定的专业英语知识以及词汇量，保证熟练使用科学技术语言。所以，科技英语翻译人员应该全面了解科技英语翻译理论和相关实践知识，掌握翻译英语的技巧和规律，在英语和汉语中熟练应用和转化，注重观察词语词性变化和在句子中的逻辑关系，关注原文文体特点和词汇语法，这样最终翻译出来的科技英语文章才能够将科技知识和行文脉络理清，将意思传达清楚。

一、翻译理论和实践之间的关系

现阶段在很多领域里由于各个国家之间的语言差异，都会通过翻译工作来进行研究和发展。翻译其实是一种打破语言障碍，从而进行文化交流和社会交际活动的行为。翻译工作人员在翻译过程中，不仅仅是对语言的转换，还应该能够反映出不同类型社会特征文化的转换。该领域相关专家认为翻译是和语言学相对应的一门学科，主要是在语言基础上建立一个对等关系，关键文体是要找到对等项，保证在翻译过程中其中心任务是有效界定翻译的本质和条件。因此，翻译理论能够直接作用于应用理论，应用翻译理论充当了翻译理论和实践之间的桥梁。所以在翻译理论和实践之间应该让读者有效地接受这些知识，尽量转变在原文中的语法结构，找到语言中的对等关系，适应科技翻译工作需要。这也在一定程度上说明翻译理论是在整体上或者是宏观上指导翻译工作的实践活动。另外，由于翻译理论和翻译实践是相互制约的，所有翻译实践离不开翻译理论的指导，翻译理论也缺少不了翻译实践的经验。

翻译工作在很多年以前就开始兴起，人们一直专注于研究翻译理论与翻译实践之间的关系。在西方发达国家，有很多著名翻译人员提出了很多翻译理论和实践研究活动，制定了翻译标准。同时期在我们国家，翻译理论标准是“信、达、雅”三种，在经过后期多次研究和分析之后，得出了忠实和通顺两种翻译标准。从翻译理论上来说，其翻译标准都是在实践基础上找到等值成分的，主要是在理论上能够和作者之间的思想以及观念进行联系，能够在一定程度上将原作内容表达出来，不让原意有任何篡改的情况，应该符合作者思想情感，符合现阶段语言的规范和要求，不能进行直接翻译，尽量减少文理不通、结构混乱等现象。所以，翻译理论和实践是相互联系的，需要翻译工作人员重视专业知识。总地来说，如果翻译工作没有翻译理论作为指导，那么就会使翻译任务变得困难。如果翻译理论没有翻译实践作为经验，那么理论就难以得到完善。

二、文体特点和句法结构

（一）文体特点

目前英文科技文献经常使用的文体可以分为论述文体和应用文体两种。其中论述文体包括一些书面的语言，要求在结构上保持严谨，在论证上能够客观和公正，所要表达的中心思想明确，具有较强的逻辑性。翻译的过程中，能够通过对原文中英语语法的理解和句子结构之间的关系进行研究，有效理解原文意思，对原文相关学科专业英语进行了解和学习，并且能够弄清楚词汇在相应学科中的特定意义。最后要根据汉语中的表达习惯对翻译文章进行整理，在译文中要求语言尽量规范，内容保持贴切，形成和原文中风格一致的内容。

需要说明的是，在专业领域中应用文体经常会有科普类应用文体和相应指示类应用文体。其中科普类应用文体一般具有知识性和趣味性，能够吸引读者注意力，在写作的时候能够灵活使用词语，保证词语和句子具有一定的感情色彩。所以在进行科技英语翻译过程中，也应该具有灵活性以及趣味性等特点。而指示应用类文体由于自身用词比较精练和简短，其多用于文章使用顺序的叙述等情况下，所以在进行该类文章翻译的时候，应使用精练的汉语和简短的句式进行翻译，保证作品本身的特点。

（二）句法结构

目前英语科技文献在进行撰写时多数会在行文句法中使用不同于其他文体的句法，并且物称多于人称。物称主要是指以没有生命特征的物体作为主语，而人称指的是以有生命特征的物体作为主语，大部分指人类。其比较重要的特点是，大多数情况下都会使用被动语态，在阐述客观真理时，一般情况下不需要使用动作的主动者，而是通过被动的形式叙述一些客观事实，来完成对内容的阐述。这是科技英语文献中常常使用的词语句式结构。现阶段科技英语中名词化结构使用频率较高，并且在英语整个语言体系中都是按照一定的语法以及句子模式来进行阐述。翻译成汉语之后可能会增加原文英语句子中的动词，这种情况就应该在英语科技文章中使用动作性结构名词进行结构表达，在翻译成汉语时，也应该将名词有效转化为动词，这样才符合大多数翻译文章的要求。

三、原文理解和译文表达

（一）原文理解

翻译工作人员要求能够对原文进行理解，对于英语科技文章的理解主要是通过结合上下文进行，针对整个文章中句子的难易程度，或者是对一整个段落和一篇文章进行理解。这主要指的是一种语言现象和逻辑关系，需要通过一定的语境进行分析和研究。由于各个国家之间的文化差异，比如我国比较注重具体思维模式，而一些西方发达国家则更加注重抽象思维模式，这就导致了两个国家之间文字表达方式的不同。在翻译科技英文文献时，常常会出现抽象表达，但是汉语词汇却缺少相应的翻译内容，并且在词语的翻译上也没有形态变化，词语和单词之间的使用也不同。英语文献中更加注重语法句子模型，而汉语文献中则更加注重语义型的句子模式。

所以为了保证所翻译出的科技文献更加忠于原文，保证作者思想观念以及论证风格，则需要对作者作品进行关注和研究，深刻理解作者创作作品的中心思想。在翻译技巧上要了解英汉词语搭配以及表达习惯之间的关系，但是不能出现一些含糊的词语。因为一般的文献阅读人员都会注重研究作者的思想观念，而一般翻译人员在翻译的时候都会改变原作品的思想，这就会使翻译工作的效果大打折扣。

（二）译文表达

翻译人员在进行译文表达时一定要重视专业术语词义在文中的语境关系以及和上下文

之间的关系等，因为文章思想不同，词义也会出现一些变化。

1. 译文中出现多词一义的情况

在翻译科技英语文献时一定要注意其内部经常出现同义结构替换的情况，这种情况经常会在一些比较严谨的科技文献中出现，但是汉语科技文献中对统一的概念，则基本上都使用同一个词汇进行表达，不会出现变换的情况，主要是为了表达上的准确性。翻译人员应该了解这一问题，这是英语和汉语科技文献中表达上的差异，在翻译中就有可能出现一些词义不同的错误，最终导致文章中出现概念模糊情况。

2. 译文中出现一词多义的情况

在对科技英语文献进行翻译时，常常会由于一些词汇处理出现问题导致翻译不当的情况，由于翻译人员经常会阐述一些问题，并且在很多其他翻译中也出现过这种问题，导致人们不能明晰文章的思想。所以在选择翻译词语的时候一定要保证所使用的词语都和原文意思保持一致，最终能够使翻译的句子和原文意思准确符合。但是在翻译过程中容易出现一些不符合文章思想的词语和句子段落，这就是科技英语翻译中的常用词误译，其经常出现在科技英语文献翻译中，主要是由于英语词义比较灵活，和上下文之间关系比较密切，所以每一个词汇的含义都要根据具体的语境进行分析和研究，不能单独地看某一个单词。

3. 翻译中词义的引申

一般情况下翻译人员都会在科技英语翻译中使用一些直译词语和句子来忠于原文。但实际上是一种认知上的偏差。英语和汉语进行互相翻译时会有一定的变化，在语言结构以及表达上有异同，一般情况下都能够使用直接翻译的形式，但是有时也需要在词典上进行词义翻译，而如果在词典上不能够找到相应词义，那么就会导致译文出现含糊不清的情况，让读者难以理解。这时就需要根据上下文语境对原文进行分析，引申出符合原文的句子和词语，选择符合文献的文体进行表达，使句子的含意更加清楚。

综上所述，科技英语翻译是一门技术科学，需要翻译人员对科技英语进行研究，并且要结合一定的理论实践，总结经验。所以，要做好科技英语翻译工作，需要不断地努力研究探索，了解不同国家和地区之间的文化，找到其之间的异同点，并且有效地应用到科技英语翻译中去。做到从多方面研究和分析翻译理论和翻译实践之间的关系，从而做好科技英语翻译这项工作。

第四节 英语习语的翻译理论和实践研究

英语具有大量的短语和习语。在漫长的习语发展历程中，逐渐形成了以固定句子和短语为主的习语表现形式。习语包含浓郁的地域特征和民族色彩，对习语的翻译会影响译文质量。因此，本节主要将地域历史和民族文化作为切入点，来探究英语习语翻译理论和实践。

一、英语习语的翻译理论与主要特征

（一）英语习语的翻译理论

英语习语根据不同的交际功用，可以分为表明态度、传达情感和表达愿望等种类。根据英语习语的不同主题，语言学家又将其分为家庭、教育、文艺和医学等多个种类。这些根据字面含义分类的习语，主要为了表达不同地域的生活与生存经验。随着语言学理论结构的不断完善，许多专家学者开始使用现代语言学的研究方式，进行习语语言内容与形式的研究活动。但这种依赖语义和词汇的习语翻译方式，并不能满足深层次的习语翻译要求。因此，语言学家逐渐使用含义转换的方式，来进行习语句法与结构的深层翻译研究。当前，在英语习语的翻译研究方面，主要包括单词、短语和句子等三方面的内容。其中短语和句子在英语习语中所占比例较大，短语和句子的词汇结构、语义也更加复杂。近年来，在英语习语翻译方面，开始重视习语功用与文化内涵的研究。英语习语作为区域文化的主要表现形式，能反映不同地域的社会形态与文化内涵，而且在语言交际活动中，英语习语的表达也能提升个人的文化素养与品位。因此，在英语习语的理论研究中，应重视习语的功用、交际和文化语境等内容。

（二）英语习语的主要特征

英语习语与成语较为相似，也具有不透明性、综合性和稳定性的特征。不透明性指的是英语习语的不可预测，其含义不能从字面的意思进行解释。例如，“I get a kick out of You”，汉语直译为踢水桶。Kick 是用脚踢的意思，不管是人或马的脚，被踢的人一般来说都会感到很痛，这句话真正的含义却恰恰相反。这句习语真正意思为“你的感情使我感到快乐和激动”，但其并不仅仅和爱情联系在一起，而是指任何产生快乐的感情。因此，某些英语习语的含义，与单词本身的意思关系不大，但有时也会与单词的意思相近。英语习语的另一个特征，是在社会生活各个方面使用非常广泛。英语习语主要来源于社会生活，普通民众在生产实践中，创造了一系列习语。“as cool as a cucumber”源于美国社会的习语，从字面意思翻译为“像黄瓜一样凉爽”，但真正的含义为“泰然自若、冷静和放松”。另外，习语的结构具有稳定性。一个习语的词序不能被随意改变，即使这个修改可以转换为更加完美的语法。例如，“A force”与“A stone”有着不同的意思，虽然对词语的修改并不违背语法规则，但是在英语习语翻译上是不被允许的。

二、英语习语翻译中的文化内涵与词汇空缺

（一）英语习语翻译中的文化内涵

文化是社会信仰与实践的产物，所以，英语习语主要起信仰表达和语言传递的功能。任何一种惯用的表达方式，都是从其特定文化中不断演变而来的。虽然部分习语看起来会

有些古怪而不合逻辑，但其背后承载着文化与历史的变迁过程。

（二）英语习语翻译的词汇空缺

不同文化词汇具有不同的文化内涵，有些表面看似相近的词语，可能包含着不同的内涵表达。最为显著的词汇空缺为“Dragon”（西方的龙），西方的龙与中国龙（long）存在本质区别。Dragon是长着双翼类似于蝙蝠或蜥蜴的怪物，能够喷出火焰来对人类造成伤害，还喜欢盗取财宝和居住在洞穴中。而long是与白虎、朱雀、玄武并称的“四大神兽”，是吉祥与帝王的象征。译者在“龙的传人”翻译中，常常会用其字面意思翻译“Dragon’s descendants”，但由于中英文之间的文化差异，“long”这一形象没有对应的词，因此，在翻译中会存在文化内涵的缺失甚至扭曲。

三、英语习语翻译的实践问题

（一）直译加解释的习语翻译

直译是最为简单直白的英语习语翻译方式，是将源语言直接转换为目的语。但由于英语习语的历史与文化含义，大多数情况下不能使用直译，需要在直译基础上添加相应的解释。而且要保证英文与中文之间语义的对等，例如，“All Roads Lead to Rome”译为“条条大路通罗马”，这一翻译形象表明了习语的真正含义，所以，不需要添加其他注解。如“an eye for an eye”这种具有文化内涵的习语，就要在直译的基础上加入注释。“an eye for an eye”出自《圣经·申命记》，摩西发布的法令：“a tooth for a tooth，a hand for a hand and a foot for a foot。”翻译为“以眼还眼，以牙还牙，以手还手”，这里需要添加注释“以其人之道还治其人之身”，以避免引起读者的误解。

（二）意译的习语翻译

在英语习语翻译中，要在无法找到对应表达词的情况下，使用意译的翻译方法进行习语翻译。意译不需要保留原有习语的表达方式，而需要翻译出英语习语背后的引申含义。

（三）套译的习语翻译

套译与直译、意译和音译均不相同，其主要使用汉语中存在的替代词，对英语习语的含义进行套用。套译词与英语习语有着相同的意思，但两者在内容表达方面会存在微小的差别。geometry（几何学）、Operational Research（运筹学）和state（州）等，都属于套译的英语翻译方式。套译习语翻译的主要例子有：“Courtesy cost nothing”被译为“礼多人不怪”，其中“Courtesy”（礼貌）与儒家的“礼”有着相近的含义。因此，可以使用套译的方式进行翻译。

英语短语或短句要想成为习语，必须经历复杂的被证明过程，而且要符合习语的相应特征。对于英语习语的翻译实践，需要针对不同习语的本身含义与文化内涵，选择恰当的习语翻译方式进行翻译。同时要兼顾目的语读者的文化习惯，对英语习语进行适当的修改与变形，做出符合词语内在含义的翻译表达。

第五节　新时代审计英语的要求与翻译实践

在世界范围内，审计与经济社会的发展一直存在紧密关联，审计能够在人的主观行为中对经济活动进行客观分析和研判，从中发现存在的问题及其成因。尤其在“一带一路”倡议的推动下，越来越多的企业参与到国际化、全球化的经济活动中，涉外审计业务越来越频繁。包括会计师事务所、企业等在内的诸多社会组织，无论是经营自主权还是组织活力均有了前所未有的增强。在此背景下，为了确保更多的社会组织能够在全球化的世界经济业务中更加顺利，发展模式更加健康，一方面要强化涉外经济业务中审计实践的介入，另一方面要充分考虑东西方语言文化与思维的差异，防止在审计实践中出现不必要的交际障碍与审计失误。更为重要的是，审计实践中要强化审计翻译工作地位。审计人员不但要注重审计英语的词汇术语化、句法结构复杂化和语义表达客观化的特征，还应充分尊重审计英语的语言特点，在充分考虑英汉句法结构差异与共性的同时，借助多种翻译工具加以处理。因此，为了避免审计人员在和审计对象进行交际时出现障碍及失误，本节以新时代审计英语的要求为出发点，探讨审计英语的翻译实践问题。

一、新时代审计英语的基本特征

在专业英语翻译实践中，一般要对词汇、长句以及被动句等给予“特殊关注”，以便更好地解决翻译中出现的典型问题。在新时代，虽然审计英语使用特征与翻译原则并没有出现较大变化，但随着我国涉外审计业务持续增多，审计人员和审计对象之间的沟通难度越来越大。因此，有必要在审计英语应用和翻译领域做出更多努力，在充分尊重审计英语语言特征的前提下，对翻译工作进行全面分析，消除英汉句法结构差异，体现两者的共性。

在审计英语的实践当中，语言翻译的独立性被认为是最基本的属性。因此，要确保翻译内容具有独立性与公正性，一般很少以第一人称以及第二人称完成语义表达，这样做的目的在于尽量消减翻译人员的主观判断，确保翻译内容更加公正和客观。比如，在审计英语翻译过程中，与审计业务有关的词汇以主语的身份出现时，翻译工作就要特别注意。除此之外，还应关注审计英语翻译的语义关系，尤其是翻译词汇之被动性，以确保翻译内容更加科学。在当下，审计英语翻译需要充分考虑翻译环境的特殊性，对于高频率出现的词汇要尽量避免被动性语态的应用以及审计行为过程中执行者的参与，借此让语义表达更加客观，最大限度地展现语义表达和词语的形容性特征。为了使审计英语翻译更加有效，还要注意，审计英语文本形式一般存在于审计法案条例和书面报告当中，因其内容具有较强的专业性，要求翻译人员要特别关注词义表达上的措辞问题，以确保审计英语和法律内容保持一定的关联，让翻译更具专业性。在审计英语翻译过程中，经常出现和法律审计有关的专业语言。比如，对于出现的 client 等词语，在翻译当中就要特别注意审计专业词汇和法律专有词汇间的联系，既要提升其专业性，还应确保词语翻译之准确性。更为重要的是，在审计实践中，审计翻译的有关内容一般还会和部分经济活动保持联系。因此，翻译人员要注意英语词语内可能涉及的经济学和管理学等内容，以便在进行和经济学有关文章的翻译时，能够对出现的 bearer(翻译为“持票人”) 等给出正确的解释。

二、新时代审计英语翻译的要求

审计英语翻译的目的在于将英语视作平台，完成对审计理论和审计方法的应用与传播，让审计实践，尤其是涉外审计实践在更加广阔的空间得到推进。在这一过程中，审计人员要进一步认识到，审计英语是一门具有特殊用途的英语，更要对这类英语和其他英语之间的显著差异进行研判，以便在国际审计工作中与审计对象开展积极沟通与谈判。

（一）强化术语 + 合理借鉴

在审计英语翻译过程中，翻译工作需要借助固定的翻译方法，也就是通过直译的形式提升翻译质量，要实现这一点，就需要在强化术语的同时对翻译技巧进行合理借鉴。在翻译审计术语的过程中，还应借助固定翻译模式，以便让翻译内容不受审计语境的制约。否则，翻译工作势必会受审计英语的影响，且这类现象还能够给特定语境设计带来制约。所以，在翻译实践中，还应该借助特定语言资源，以此对专业语句展开分析，在充分结合上下文内容的同时开展翻译工作。更为重要的是，翻译人员需要总结和借鉴翻译经验，比如经常浏览翻译网站或者词典查询有关内容和翻译技巧，也可按照自身翻译经验对审计英语翻译进行总结，以保证翻译工作更加合理，达到更为理想的翻译效果。

（二）队伍建设 + 能力提升

随着全球经济一体化进程持续加深，国际审计实践表现出多元化的特征。英语在跨国审计实践体系内的应用越来越深入，审计信息的传播模式也更加畅通。尤其对涉外企业来说，其业务项目运作中的专业审计人才成为越来越重要的资源。为此，在审计英语翻译过程中，就需要以保证翻译人员的专业性为前提，有针对性地进行审计英语专业人才的培养和教育工作，借此搭建更为理想和高效的审计人才群体，为完成更多审计英语翻译任务奠定人才基础。

（三）信息客观 + 措辞专业

在运用审计英语的过程中，因其词汇正式、用词严谨和正规，要求翻译工作要做到词意准确。在文体层面上，审计英语是作为一种正式语域变体出现的，很多都与严肃的法律条文直接相关。所以，在翻译实践中，不但要保证词义、句义等的准确性，做到“信息精准”，还应充分考虑文本自身能够传递出的文体信息，达到“措辞专业”的目的。为此，在新时代，审计机关需要针对审计事项向政府部门进行通报，按照审计结果和审计意见完成后续的工作。比如，审计英语翻译出现的“announce”一词，其原意为“宣布或者宣告”。可是，当其出现在审计文本内，就应重点考虑此类文体及其在文内之语境，将其翻译为“通报”，不但与审计法案之用语相符合，还可以准确地体现“审计单位”与“社会组织”的内部关系。

（四）表达准确 + 结构完整

“准确”的标准指的是努力实现等值翻译之最佳状态，“通顺”的标准在于提升翻译所要表达意思的清晰水平与完整状态。因此，在审计英语翻译过程中，应该充分分析汉语句子特征与表达偏好。比如，在翻译“Audit decisions made by audit institutions shall be implemented by the audited bodies.”时，“made by audit institutions”被视为“audit decisions”之后置定语。因为汉语中很少出现所谓的后置定语用法，所以在翻译时，这一后置定语需要进行结构方面的调整，使之与汉语的表达习惯相符合。此外，审计英语偏重被动语态，汉语则更加注重主动语态，在审计英语翻译过程中需要对此有所体现，让翻译过来的文本更为通顺。

三、新时代审计英语的翻译实践

对审计翻译来说，其基本要求为准确和通顺。因此，在充分结合审计语言特征与审计工作本身特点的基础上，新时代的审计英语翻译需要把审计翻译和审计信息加以整合，确保审计英语翻译成果更为真实和客观。同时，在审计英语翻译当中，需要破除翻译内容的限制因素，以便能够在现实场景中让审计英语得到最大限度的还原，为审计英语翻译质量提升提供更多保障。

（一）长句翻译

在审计英语翻译过程中，应依据英语内容之叙述展开，并按照汉语的表达习惯开展翻译工作。其中，对翻译中出现的名词后置问题，应该予以微调处理，将后置定语进行前置，使之以名词形式出现，以此获得更为理想的翻译结果。审计英语中的并列语句通常借助“and”与“while”加以对接，前者意为并列，而后者则是对比，借助的方法都属于顺序直译的范畴。例如，对于审计人员的回避，应由审计机关负责人确定；而审计组织负责人的回避，要通过本级政府和上级审计机关负责人确定。在开展翻译时，就应该特别注意此类问题。

（二）ESP 翻译

在审计英语翻译当中，为了达到更加高效传递审计信息之目的，更加真实地反映审计英语翻译的内容，就需要从审计英语的本质要求出发，根据实际情况优化其形式，并在翻译实践中尽量保留审计英语的原本含义。审计英语被认为是带有专业目的的英语（ESP），因此需要在既定应用范围内被特定的社会群体所接受。为了实现这一点，就需要对日常用语的词义进行分析和研判，以防止审计英语之词义出现改变却按照原来的意思进行翻译，防止出现无法适应特定对象与特定场景的问题。相反，需要按照审计英语的表面意思开展翻译工作，以便让翻译结果能够更加准确地传达和审计有关的信息。

（三）词汇翻译

对审计英语中的词汇来说，翻译工作者需要将专业用法与之相结合，使之能够更好地体现文体特征和语境信息。这是因为，一词多义现象在审计英语翻译中十分常见，而一旦在审计文本以及语境内出现，其专业属性就会让此类词汇表现出排斥性，因此翻译过程中需要充分考虑其特定又固定的用法，借此排除词汇本身之含义。此外，词汇之特殊含义一般有很多类似的表述，可是词汇表述能够排斥其他类似义项的选用。因此，审计词汇之同义义项以及近似义项之选择往往带有专业属性。比如“current”具有“目前的、现行的”以及“通用的、流行的”意思，可是在“current account”以及“current assets”中时，鉴于审计文本的语境，“current”就应被译作“活期（存款账户）”或者“流动（资产）”。

（四）被动语态翻译

在审计英语翻译当中，翻译人员需要具有较为扎实的审计专业知识储备和审计水平。同时，为了适应瞬息万变的审计场景，从事审计英语翻译的人员需要更为广泛和深入地阅读与审计相关的诸多文献，在持续熟悉翻译实践与审计英语特点的过程中，确保译文更为科学与合理，使审计主体和审计客体均可以接受。其中，在审计翻译当中，部分被动语态的使用需要符合审计英语独立性与客观性的特点。比如，动作主体需要通过“by”引出，以确保语义更为清晰和明确[①]。

第六节　典籍翻译理论与英语教学实践

中国文学典籍是中国五千年文明历史的集中体现，在当今世界各国文化交流日益频繁的背景下，典籍的英译对传播中国传统文化、提升中国文化软实力和实现“文化走出去”的国家策略无疑有重要的意义。但同时我国典籍翻译又面临巨大的挑战。本节通过探讨我国典籍翻译存在的问题，研究解决的方案，重视典籍英译教学，并采取科学有效的教学方法，以培养功底深厚的典籍翻译人才，促进典籍翻译事业的发展，促进中国古典文化的对外传播，提升中国文化的软实力。

一、典籍翻译理论的介绍

近年来典籍翻译受到了国内外学者的热烈关注，不过，在这股热潮中，很多学者依然看到了典籍英译中存在的两个问题，那就是翻译理论与实践脱节和典籍翻译人才的极大缺

① 何自然．语用学十二讲 [M]. 上海：华东师范大学出版社，2011.

乏。而造成这一现象的根本原因是典籍英译这项事业并未与教育教学进行深度的结合。

二、典籍翻译面临的问题

（一）翻译理论与实践脱节

目前，在中国的典籍翻译界，理论与实践的脱节现象仍然比较严重。汪榕培教授曾在《典籍英译研究》（第5辑）的前言中指出："从事中国典籍英译实践的人员多数不从事理论研究，他们对于翻译的见解多数见于译者前言或诗话式的片言只语之中。而从事理论研究的人员，则基本上不从事翻译实践，主要是把西方的翻译理论介绍到国内来。现在写翻译理论文章的作者还有一批是翻译专业的硕士研究生和博士研究生，他们没有翻译的实践，仅是照搬西方的某个理论，用来评论现有的翻译文本，难免有隔靴搔痒的感觉。"就理论探讨而言，译者在翻译文本时是追求"信"度还是追求"效"度，这涉及翻译方法、翻译标准、翻译策略、翻译原则与要求等。然而，目前我国学术界对典籍英译标准与策略的系统研究仍处于缺乏状态。

（二）翻译人才缺乏

目前，我国专门从事典籍翻译与相关研究的人员数量仍然相对较少。在2004年，国务院新闻办公室主任赵启正在参观中国翻译成就展后，在接受记者采访时指出："我们向外国传递中国文化的力量确实还比较弱，这也包括我们的外语力量欠缺。在介绍中国方面，很多外国有需求的书需要我们译成外文或至少要将摘要译成外文才能走向市场。我们在国际图书市场上操作不力，表面上讲是我们对外供应意识不足，其实，深度原因是我们中译外的人才非常匮乏，可以说是凤毛麟角！"[①]事实上，到目前为止中华文化的不少精华之作还没有被翻译介绍到国外，如《史记》《资治通鉴》和《徐霞客游记》都还没有全译本。另外，译者也正面临人员结构老化的严峻问题。翻译一部中国典籍旷日持久，然而，现在，我们国内几乎所有的高校，包括外语类的院校，几乎都不认可外语教师的翻译成果。同时出版社支付的稿酬也很微薄，这些现状使不少年轻学者不愿意从事典籍英译的工作。并且目前我国多数从事典籍英译的资深专家已渐入高龄，而中青年人才又严重缺乏，出现了典籍英译者队伍断层的严峻现象。

三、重视典籍翻译与教育教学的结合

面对目前国内典籍英译的现状，国家必须加强典籍英译与教育教学的结合。然而，有关典籍英译的教学似乎被学者们忽视了。尽管已经出版了许多相关的教材，但它们并没有被广泛应用，因为有许多翻译教学单位还没有开设相关典籍英译的课程。有关典籍英译教学方面的论文也比较少，甚至一些重要的议题也并未提及。因此，国家教育部门应加快在高校设置典籍翻译专业的进程，并研究科学的教学方法，以培养更多专业典籍翻译人才。

① 汪榕培，王宏．翻译专业本科生系列教材：中国典籍英译[M]．上海：上海外语教育出版社，2009.

典籍翻译专业课程的设置对于翻译教学的开展及翻译人才培养目标的实现具有重要作用，对国家“文化走出去”战略的实施具有重要意义。

（一）翻译理论建设与实践相结合

典籍翻译教学不仅要重视翻译实践，也必须要加强翻译理论建设。事实证明，理论素养是翻译能力的重要组成部分，同时也是专业化知识必不可少的组成部分。翻译理论不仅有助于学生掌握一般和特定的翻译能力，而且有助于学生在整个专业生涯中保持和提升自己的翻译能力。因此，加强翻译实践的同时，教师也必须重视学生的翻译理论建设。

要建设典籍英译理论体系，应该以描述性翻译研究、翻译转换研究、以翻译为目的的文本分析和基于语料库的翻译研究作为理论基础，四者相互联系，在逻辑方面互为依托，一起构筑典籍翻译理论建设的坚实底座。

描述性翻译包括三个研究方向，即产品研究、功能研究和过程研究。对要翻译产品的描述是理论建设的出发点，与此同时，为了研究典籍英译的规律，译者还要观察目的文本中源文本特征的转换结果，并推测这些特征在翻译过程中是如何被移植的。从这个意义上讲，翻译过程也是研究对象的过程。描述性翻译的功能不仅仅是对翻译实践进行观察和描述，更重要的是研究结果将被用来建立翻译原则和模式，即描述性翻译研究的结果最终将被用于翻译理论研究。

翻译转换研究可以简单地概括为把源语翻译到目的语中发生的细小变化。因此可以说，翻译转换概念的核心是“变化”或“差异”。而产生转换的根本原因取决于两个作者、两种语言和两种文学情境的差异。译者在使用翻译转换分析法前，必须明确其研究目的，从而确定描述何种类型的翻译转换。运用翻译转换进行翻译描述的时候，译者必须辨别源文本的独特特征，而这个工作就要借助以翻译为目的的文本分析来完成。

以翻译为目的的文本分析一般是指在实际翻译过程之前译者对源文本的各种特征进行的分析。大多数翻译理论家都认为，在进行典籍翻译之前译者只有通过对文本分析才能确保全面、准确地理解和把握原文。

语料库的使用经常与翻译规范研究联系在一起，把语料库作为研究工具将会大大提升翻译规范性研究的深度、广度和准确度。在翻译研究中，语料库能真正做到分析数据化和定量化。并且，翻译语料库还允许译者进行定性分析，定量分析与定性分析的结合，为客观、科学的研究提供了必备条件。所以，构建典籍翻译的理论体系，译者可以采用自建典籍英汉小型平行语料库的方式。在使用的过程中，译者可以对源文本中的各种特征和目的文本中的翻译转换特征进行标注，用这种方法通过统计和分析，译者可以比较清楚、准确地确定典籍翻译中存在的翻译规范，进而建立典籍翻译的翻译原则和模式，并最终建立典籍翻译的理论体系。

因此，一方面教师要注重典籍翻译实践，在课堂上安排一些实践活动，使学生积累对翻译的感性知识。另一方面教师要重视理论建设，积极引导学生构建典籍翻译理论体系，以提高学生的典籍翻译能力。

（二）重视文、史、哲三科知识的互通性

在我国当前的学科体制下，所有的教育似乎都可以量化为客观的知识和能力，如翻译水平等级考试。事实上，翻译教学作为一种人文教育，它需要学生建立独立的人格意识、创造力和想象力，以形成健全的价值取向和判断能力。因为翻译不仅仅是一种语言到另一种语言的转换，译者也不仅仅是原作者的影子。翻译其实是一种艺术的再创造。对同一部中国典籍的英译，不同的译者有不同的翻译风格，再加上时代背景及政治因素对译者的影响，译文往往也带有意识形态和价值取向。一名合格的译者需要有良好的修养和同情心，高尚的个人趣味和情操，对个人、家庭、国家、天下有强烈的责任感，对人类的命运有勇敢的担当。以上这些素质是需要译者通过对文、史、哲三科的学习及通过对人类千百年积累下来的优秀成果的吸纳和认同逐渐形成的。中国典籍翻译课程的特殊之处在于，要求学生翻译的材料都是古典名篇，所以对文、史、哲这三方面基本知识的要求更高。学生在做典籍翻译的过程中，困难大多不是来自怎样进行有效的双语转换，而是来自对源语篇的正确、标准的理解。

因此，在教学过程中，教师要加强对学生文、史、哲三科的培养，要求学生多读文、史、哲方面的优秀书籍。在教学方法上可采用“文化导入式”的方法，即教师适度对学生补充基本的文、史、哲常识，以此提升学生对经典文献的理解能力。学校要尽力为国家培养出更多专业优秀的典籍翻译人才，为弘扬中国传统文化做出贡献。

随着我国综合国力的不断增强，典籍翻译的需求量正在逐年加大。因此，我国需要进一步加强典籍翻译的学科建设，并逐步建立一支中英文造诣精湛、中西学识功底深厚的专业典籍翻译队伍和研究人员，将中华五千年文化的精华有计划、有系统地向世界传播。本节研究了我国典籍翻译的现状、目前面对的问题，并提出了解决的方案即重视典籍翻译教学，采取科学的教学方法以培养出更多专业优秀的典籍翻译人才。希望本节所做的探讨能有益于国内典籍翻译的学科建设，也期待着更多有识之士能不畏艰险，投身到典籍翻译这一崇高而艰巨的事业之中。

第七节　文化建构与文化欠缺对英语翻译实践的影响

在英语翻译中，翻译者不仅要掌握正确的英语语法知识，还要了解英语文化背景，才能够正确的翻译出英语中所表达的情感，以及具体的含义。所以，在英语翻译中要对文化欠缺的情况进行改善，积极地对文化进行构建，以确保英语翻译的准确性。

一、文化缺失对英语翻译实践的影响

（一）语言表达不准确

在英语翻译实践中，文化缺失对其最明显的影响表现在语言表达的不准确。英语与汉语本身就属于不同的语系，翻译者不了解英语国家的文化背景、风俗习惯、交际礼仪等，就会使翻译的内容与实际内容存在很大的偏差。翻译者受母语的影响，在学习英语的时候无论发音还是对语法的掌握，都可能会出现一些问题。对英语进行翻译时，尽管能将基本的意思表达出来，但很难诠释其内涵。

（二）翻译方式错误

目前，大部分的英语翻译都采用音译法，或者采用意译法，导致翻译的内容准确度不高，文化信息传递质量偏低。在翻译过程中，为尊重原作，翻译者会逐字逐句的翻译，在翻译的过程中不对语序进行调整，导致所传播的文化信息有所偏差。比如，将《老人与海》翻译成“The Old Man and the Sea”，这在内容与含义上无法保持一致性。

二、英语翻译中的文化构建

（一）对中西方文化进行融合

在对英语进行翻译时，翻译者应深刻的理解英语原作的内容及内涵，根据目标语的历史文化，结合实际的情况，将中西方文化进行深度融合，才能在翻译内容中表现出应有的文化内涵，达到比较好的翻译效果。比如，将“乱世佳人”翻译成“Gone with the wind”，将《笑傲江湖》翻译成“Sords man”等，这样能够保证内容与内涵上的一致性。在对这些作品名称进行翻译时，既要了解中国文化，又要了解英语文化，通过中西方文化的融合，提高翻译的精准度，达到比较完美的翻译效果。

（二）遵循英语翻译原则

英语的翻译标准是在长时间的实践中总结出来的，翻译者只有对其有充分的了解，才能够保证翻译的正确性。在英语翻译实践中，翻译者不仅要将字面上的意思准确地翻译出来，还要将原文的情感进行准确的传达，使译文的表达方式、翻译风格能够基本与原文保持一致，这样读者才能真正地理解译文的内容。“blue”在中国文化中表示恬静淡雅的意思，但西方国家却认为蓝色代表忧郁，所以在表达情绪比较低落的时候，要翻译成“in a blue mood”。在翻译的时候，要遵循目的语国家的语言习惯及英语翻译的原则，以确保翻译的准确性。

（三）灵活选用翻译方式

根据翻译内容灵活的选择翻译方式，能够提高翻译质量。在英语翻译实践中，如果只采用一种翻译方式，必然会导致许多翻译错误或者不准确的地方。所以，要将多种翻译方式结合起来使用，以强化译文的理解力，诠释翻译文章的内涵。比如，对于“分明曲里愁云雨，似道萧萧郎不归”可采用模糊翻译的方式，翻译成“Its clear that the song is full of worry and sorrow. As if to complain that her lover has not yet return.”以这样的方式翻译古诗词，能够让西方国家的人更好的理解其中的含义，其中还采用了意译的方法，否则西方人在读中国古诗词的时候很难真正理解其中的意思。

综上所述，文化欠缺会对英语翻译实践产生不利的影响，因此，在英语翻译实践中应注意文化的重构。在实践中，不仅要重视对中西方文化进行融合，遵循英语翻译原则，还要灵活选用翻译方式，既能传递文字表面意思，又能传递文化情感信息以达到最好的翻译效果。

第五章 语言学与英语翻译教学理论研究

第一节 模糊语言学视角下的高校英语翻译教学

模糊性是自然语言的本质属性，语言的模糊性贯穿于翻译活动的整个过程，模糊语言学的发展为翻译研究提供了新的视角。在分析语言模糊性与翻译研究关系的基础上，探讨模糊语言学对翻译教学三个核心要素，即教师、学生、语料选择的启示。

翻译活动因涉及译者的语言知识、文化知识、翻译能力及语境等多方面因素而被称为复杂的语言转换活动。长期以来，翻译实践追求译本的精确性与科学性，却又无法避免语言的模糊性，导致精确与模糊成了翻译中的悖论。

语言的精确性与模糊性生成于人类认识活动的客观过程中，人的认知心理对语言模糊性的产生和识别起决定作用。语言的模糊性是普遍的、绝对的，精确性则是有条件的、相对的。作为语言中的共存现象，二者是相互对立、相互矛盾的统一体。但是，二者是可以互相转化的。在追求译本精确性的同时，其语言的精彩常见于留白之处——模糊语言。而且，语言又具有民族性特征，这使语言在模糊区域上显示出鲜明的民族性，受使用源语与目的语的民族思维模式、民族心理认知模式的影响，以语言转换为手段的翻译也具有相对的模糊性，导致翻译中模糊语言的精确运用成为译者追求的理想境界[①]。

一、语言模糊性与翻译研究

语言在各民族内部产生和发展，并制约着人们的物质生活和现实生活。在创造和使用语言的过程中，人们逐渐认识到语言具有难以解释的模糊性。为什么人们在追求精确表达的同时却能接受语言的模糊性呢？下面从语言模糊性的哲学探索、模糊理论、模糊语言学与翻译研究的契合三方面进行探讨。

（一）语言模糊性的哲学探索

中国对语言模糊性的认识来源于古代的辩证哲学思想，但是，历史上使用的“模糊”概念与目前所讨论的并不完全一致，那时多用来指不分明、不清楚、十分笼统的概念。两千多年前的《楚辞》中就有“尺有所短，寸有所长”的说法，说明当时人们已认识到了尺和寸作

① 从莱庭，徐鲁亚 . 西方修辞学 [M]. 上海：上海外语教育出版社，2007.

为度量单位的模糊性;《易经》中有“上下无常，刚柔相易”，说明已了解上和下、刚和柔作为对立的模糊概念具有相互转化的关系;《庄子》中有“无极之外，复无极也”，说明当时人们认识到事物的两极性。而以儒家哲学为代表的传统哲学推崇“中庸之道”“求大同而存小异”，倾向于通过“折中”的方式解决问题，这也在思想上促进了语言模糊性的发展。

在西方，最早注意到模糊现象的是公元前4世纪古希腊麦加拉学派的尤布利德斯，他提出了著名的连锁推理悖论。这种悖论是将原本为真的命题，通过事物性态的递增或递减而最终改变命题真伪的推理方法，得出一个逻辑上应当为真，然而却十分荒谬的结论，由此向二值逻辑提出挑战，这是基于二值逻辑对模糊对象进行条件化离散性认知的结果。该论点试图证明，根据常识对“多”与“少”的区分是武断的，这也是西方最早对语言模糊性的哲学探索。

（二）模糊理论

亚里士多德传统集合论的基础是二值逻辑，而二值逻辑是以精确性为逻辑原则的，即一个命题的真值要么是真（记作1），要么是假（记作0）。也就是说，一个概念范畴的内涵和外延都必须是明确的，所以，形式逻辑的基本规律表示的是事物的非此即彼性。

1965年，扎德提出的模糊集合论的概念是对传统集合论的挑战。模糊集合论所描述的对象具有边界开放和不确定的性质，元素属于集合的隶属度的取值范围是一个连续的实数区间，即具有亦此亦彼性。所以，模糊集合论适用于语言模糊性研究的一个根本原因在于，语言范畴实际上就是某一个论域中的模糊集合，集合的核心部分是范畴中所有元素共有的典型属性（相当于集合的定义），是明确的；但是集合的边缘（相当于集合的外延，即组成该集合的所有元素）却是模糊的，不能明确地界定。模糊集合论的提出是哲学与语言学上的革命，它改变了人们以往的思维方式，标志着模糊理论的诞生，并为模糊语言学的产生奠定了基础。

（三）模糊语言学与翻译研究的契合

语言作为人类认识世界及交流的工具，使人类可以为客观事物命名，这个过程也就是对世界进行认知和类属划分的过程，即对客观事物进行范畴化和概括的过程。范畴的划分，就其本质而言，是概念的形成过程，每个概念都有一个对应的范畴。从认知语言学的角度看，语言最重要的意义在于其范畴化和概括性，正是在人类范畴化的意识活动中，模糊语言学产生并发展起来。

模糊语言学与翻译研究的契合点在于模糊集合论的概念，其核心要素隶属度为语义模糊提供了佐证。翻译是通过一种语言把另一种语言的内容与思想重塑的实践活动，翻译过程中译者既会出现思维的模糊性，又会造成语言表达的模糊性。由于翻译中常遇到普遍存在的模糊性词语，使源文本与目标文本也呈现出模糊性特征，对于要把模糊译精确，还是模糊译模糊的问题取决于翻译的效果、目的及语境等因素。同时译者需要利用思维的模糊性对语言现象进行分析和处理，准确把握源文本与译文的跨文化差异，力求呈现出相对完善的译本。

二、模糊语言学应用于翻译教学的启示

我国的翻译教学由于受到传统语言教学法的影响，长期采用语法分析和翻译对比的教学方法，这种教法以语法为切入点，采取“知识点 + 例句 + 单句练习”的模式，即首先进行知识点的讲解，并给出相关例句，然后进行英汉、汉英句子翻译练习，这种以句法为标准的翻译教学既忽视了语境的作用，又难以调动学生的积极性与主动参与意识。20 世纪 80 年代开始，翻译教学引入了基于整体语篇的翻译教学模式①。这种教学方法相比句法翻译教学的优势在于强调通篇的上下文语境，但由于语料缺乏真实性而使翻译教学与实践应用脱节，更无法培养学生的创造性思维。翻译教学的创新与发展受翻译理论的指导，模糊语言学为翻译教学理念注入了新的活力。下面从翻译教学活动的三个核心要素，即教师、学生、语料的选择，来探讨模糊语言学对翻译教学的启示。

（一）模糊语言学对教师翻译教学的启示

翻译教学作为一种双语转换活动，本质上与外语教学是有区别的。二者的根本差异在于翻译教学要求学生在具备相关专业知识储备的前提下，既要了解双语转译的方法与策略，又要具备源语与目的语的文化知识与悟性，从而培养翻译综合能力。而衡量译者翻译能力的五个参数为语言能力、文本能力、主题能力、文化能力和转换能力。正是这五种能力的合力使翻译活动区别于其他交际活动，也使翻译研究有别于其他领域的研究。所以，翻译教学应体现模糊语言学的多元理论性与多维标准，教师作为课堂的引导者，要摒弃直译与意译的两极划分，并设置完整的课程体系，让学生进行翻译能力的训练。

教师在翻译教学中需具备语言模糊性的思想意识，要注意以下两点。第一，教师要引导学生了解语言模糊性与精确性是相对的，在翻译过程中不能一味追求精确性而舍弃模糊性。模糊语言具有精确语言无法比拟的形象性、含蓄性等美学魅力。在完成翻译的交易性目的与交际性目的时，以下情形不得不选择模糊语言：由于表达与策略的需求，无法使用精确语言；特定的语境与心理需求，无须使用精确语言；语言的经济性原则；语言本质的趋美性等。第二，教师应帮助学生明确模糊语言的民族性特征，模糊语言在翻译中的解读及其美学功能的实现同一定的民族文化密切相关。在培养学生翻译能力的同时，要让学生兼顾跨文化知识的习得。每个民族都有其深层的民族文化和历史积淀，因而在研究具体语言的模糊现象时，不能忽视该民族的文化特征。例如，作为民族文化一部分的民族性格使中国与英美等西方国家的语言表达相异，也是英汉语言模糊性的生成机制之一。因此，教师在翻译教学中让学生了解语言知识所蕴含的源语与目的语文化的深层底蕴，以及文化与语言模糊性的关系，能够提高学生的翻译能力。

（二）模糊语言学对学生翻译学习的启示

在翻译教学中，需要树立“以学生为中心”的课程理念，这是由翻译能力的六个背景

① 穆雷 . 中国翻译教学研究 [M]. 上海：上海外语教育出版社，1999.

特征决定的，即复杂性、异质性、近似性、开放性、创造性、情境性、历史性。在翻译课堂教学中，要充分调动学生的主动参与性，强调教师与学生、学生与学生之间的合作，将真实项目的翻译引入课堂教学，通过实施过程教学法，强调评价机制对学生翻译水平的提升作用。采取小组活动的学习方式，给学生提供译本讨论与互评的机会，通过学生对不同的参考译文的评述，培养翻译思维与意识，强化译文的逻辑性原则。因为解决翻译问题的高阶思维能力是译者能力的核心，所以，翻译教学的关键是培养学习者的逻辑思维能力。

模糊语言学对学生翻译学习的启示有两方面。首先，翻译文本时，要能辨析出源文本和译本中包含的模糊语言，以便正确有效地使用模糊语言，培养模糊思维。翻译实践在很大程度上涉及两个民族的世界观和思维方式，各民族基于对客观世界的体验，对相同或相近的事物会表现出不同的认知途径和范畴划分的方法，这也是在翻译过程中需要引起学生注意的。其次，要理解民族思维模式对语言模糊性的影响，民族思维深受历史和文化发展的影响，反映了不同民族的个体和群体在意识体验中的结构性和认知特性，而这种思维模式被普遍接受之后就具有相对的稳定性，有时甚至会成为一种思维定式。

（三）模糊语言学对翻译教学语料选择的启示

翻译教学的第三个核心要素就是语料，语料的选择是历来引发较大争议的问题之一。翻译教学要选择真实语料，因为只有真实的语料才能体现语言的模糊性，才能更有效地培养学生的实践能力与逻辑能力，满足翻译教学实践化与翻译人才职业化的需求。这种真实情境语料的选取，一方面可以通过现行较权威的翻译语料库，并根据教学任务按照不同的主题选取。语料库的大量素材和译本对提升学生翻译水平、针对性地安排学习任务、满足学生的不同学习需求等有极大裨益。另一方面可以把真实的翻译项目引入到翻译教学中，以翻译项目为教学任务，把课堂社会化。可以根据学习内容安排不同的翻译项目，通过小组协作完成翻译任务，教师对其进行评估，既培养学生的翻译能力，又为未来的职业发展奠定基础。

模糊语言学的发展为语言模糊性的研究提供了理论基础，并为翻译教学模式提供了新的视角，对翻译教学中教师、学生、语料的选择给予了有益的启示。翻译教学过程中，教师应培养学生对语言模糊性与精确性的辩证认识，让学生体会语言模糊性的民族性特征，丰富学生的跨文化知识；学生要能够辨析源文本与目的语文本包含的模糊语言，了解不同民族的思维模式对语言模糊性的影响，培养逻辑思维能力；教学语料要选择不同情境下的真实语料，有效衔接翻译的学习与实践。

第二节　对比语言学与高职英语翻译教学研究

高职学生的英语基础大多比较薄弱，对英语重视程度不够，学习缺乏主动性。本节在分析高职学生特点的基础上，通过对比语言学的角度，分析中英两种语言之间的差异，探讨对比语言学对英语翻译教学的启示，并试图找到适合高职学生的翻译策略，培养学生的语际转换能力。

许余龙在《对比语言学概论》中提出，英译汉的一切翻译理论、方法和技巧都建立在英汉两种语言对比上，因为对于翻译实践尤其是翻译教学来说，对比英汉两种语言的异同，尤其是相异之处，掌握它们的特点十分重要。因此，在英汉双语翻译中，掌握两种语言的特点和思维方式，了解英汉互译的转化方式，分析其对高职英语教学的启示，有很大裨益。由于高职学生的特殊性，轻实践、弱基础、低主动性，以及高职学生培养目标的实用性、应用性，结合高职学生的培养目标，提高高职院校英语翻译的教学质量，有很大必要性。因此，在高职外语教学中，我们应该学习对比语言学，发现并处理两种语言之间的差异，实现母语与外语之间的语际转换，并培养学生的这种能力①。本节从对比语言学的角度，通过结构对比分析法找到英汉两种语言的相同和相异之处，探讨如何使翻译目的语文本符合译入语规则的策略，进一步有针对性地提高学生的英汉双语翻译能力。

一、对比语言学与翻译教学法

（一）对比语言学的起源与发展

对比语言学是现代语言学的一个分支，现代对比语言学则起源于欧洲和美国，代表人物有马塞修斯等。在20世纪初，布拉格学派中有很多语言学家对对比语言学分析开始感兴趣，在该领域涌现出不少相关研究。马塞修斯在1926年发表了一篇关于英语与捷克语对比分析的文章，初步研究了对比分析这一概念。美国语言学家沃尔夫在《语言与逻辑》中首次提出了对比语言学这一名称，并对此作了相应论述。而德国学者洪堡特是对比语言学的真正奠基人，1820年洪堡特发表了一篇题为《语言比较研究与语言发展不同阶段的关系》的文章，这是对比语言学的第一篇最具分析力的文献。洪堡特在这篇文章中阐述了语言对比研究的一系列基本理论问题，之后提出语言是一个民族精神的外在体现，他认为“民族的语言就是民族的精神，民族的精神就是民族的语言”。因此，洪堡特认为“比较语言研究是对语言差异的准确探索”。1953年怀恩来希从结构主义语言学的角度撰写了一本《语言接触》，首次提出了对比分析概念框架，并发表了“干扰”这个理论命题。拉多在遵循结构主义语言学的理论与方法的基础上，1957年发表了世界上第一部对比语言学专著《跨文化语言学》，标志着对比语言学的进一步发展。乔姆斯基的转换生成语法产生后在学术界引起了广泛的探讨，斯道克威尔、波文和马丁等人利用乔氏的理论框架进行对比研究。20世纪80年代，詹姆斯在《对比分析》一文中进行了阶段性总结，认为纯粹对比分析是应用语言学的中心关注点。随着篇章语言学的产生，哈特曼、康纳等人从篇章语言学理论角度撰写了篇章对比研究的文献，同时论述了语言对比与翻译之间的关系。与此同时，学

① 苏立昌．认知语言学与意义理论[M]．天津：南开大学出版社，2007.

术界开始有人用生成语义学和系统功能语法等理论对双语文章进行对比研究。

国内吕叔湘先生、赵元任等对汉语与外国语言的对比研究做出了巨大贡献，为对比研究的建设指明了方向。吕叔湘先生认为对中国学生最有用的帮助是帮助他们认识到英语和汉语的差别，从而促进其外语的学习。对比语言学强调重点研究两种语言的差异，在错误分析和对比分析中都起到了一定作用。因此，在教学中教师要利用对比语言学分析源语和目的语，促进学生了解语言的内部规则，进一步提高英语水平。

（二）对比语言学与翻译

英汉两种语言存在显著的差异，英语句型主要体现在“树形”结构，多长句、复合句，汉语主要是“竹状结构”，多用短句、简单句。英语具有典型的形合特点，往往倾向于显性衔接，用各种联结和形式手段表达句子的句法和逻辑语义关系。而汉语重意合，主要靠隐性衔接手段来实现句子的功能和意义，句子中的分句或词语之间不使用任何其他联结或形式手段，其句子的内在含义和逻辑结构往往通过虚词、词义以及词序来实现贯通。汉语的特点是灵活多变，追求意群的内在关系连接与对应，因此体现汉语的层次；英语多用关系词、连接词、介词等各种形式构成长短句或复杂句，形成显性连接。因此，在英汉翻译过程中必须通过表层形式，深入分析句子结构，把英语句子结构中的显性连接转换成汉语语法中的隐性连接；汉译英的过程中往往需要先分析清楚汉语句子结构的内在逻辑关系，适当调整语序，将汉语译成显性连接明显的英文。

从对比语言学的角度分析，在翻译教学中，翻译的重点应放在比较源语与译语的不同上。英语的特点是主语鲜明，汉语则是主题鲜明。汉语与英语虽然同属于分析语，主要依靠虚词、词义和词序来表现，没有时态的变化，汉译英中有时需要根据句子意思补出被动意思。但英语存在时态、单复数变化，被动语态较多，句子层次清晰，有时也依靠词本身的形态变化来表示其语法关系。因此汉英翻译中，学生常常出现时态错误、搭配错误、冠词误用、词性混用等现象[①]。

因此，我们需要从对比语言学角度研究形合、意合在英汉互译中的转化问题，分析高职英语翻译教学，并根据英汉两种语言的异同，采用灵活的方式让译文更加“信”“达”“雅”。

二、高职英语翻译教学策略

由于英语注重形合，偏向句子的结构和形式，汉语注重意合，偏向句子的功能和意义，往往比较简洁。英译汉中，多由形合转意合。汉译英时往往相反，由意合相应调整为形合。因此在汉语翻译成英文时，要先分析句子的成分、逻辑结构和内在含义，才能确定中文句子的形式及其结构。由于英语抽象名词大多数是由动词和形容词派生出来的，多表达抽象意义，汉语的抽象名词往往表达抽象事物，因此在英语转换成汉语的过程中，很难用一个汉语对应词表达，在高职翻译教学中应引导学生注重翻译策略。

① 吴为善，严慧仙.跨文化交际概论 [M]. 北京：商务印书馆，2008.

首先，要理清句子主干。学生要分析整个句子的构造特点，英译汉时注重理清英语长句的主干以及各分句之间的关系。在进行长句翻译时，注意观察分句在总句中的成分、分析里面的关键词，找出主谓宾和时态变化，再运用汉语的特点运用连接词润饰译句。汉译英中，要分析句子的主要结构，找出主句，再根据补译、分译和合译的策略，翻译出其他修饰成分。因此在长句翻译中，教师要指导学生进行逻辑思维的训练，帮助学生了解英汉翻译的异同，掌握技巧特征。

其次，分析定语。英汉形态特点不同，英语是一种静态语言，而汉语是一种动态语言。因此英汉互译时不能逐词对译，动静转换是英汉互译中常用的方法。英语单词充当定语一般前置，或出现从句做后置定语；汉语中的定语往往前置，放在被修饰词的前面。英译汉中，要按照汉语习惯，将定语前置，放在中心词前面。汉译英中可以根据分译法、融合法，或者使用非谓语动词，在翻译时要充分发挥译者的主观能动性，通过改变词性和语序，让译文表达通顺自然，使译文具备可读性。

最后，学生要分析中英错误实例并找出原因。由于受母语的负迁移影响，高职学生往往不熟悉英语内部语言规则及文化，在翻译过程中发生错误的概率很高。尤其是语内错误，存在大量中式英语现象。高职学生应学习通过纠正自己在英汉双语中犯的错误来提高双语互译能力。如果学生的翻译内容和结构不符合译入语的语言规则，这是显性错误；如果学习者所犯的是文化和语用错误，则是隐性错误。

由于非英语专业的学生不能系统学习翻译，明确英汉两种语言的不同，分析其特征具有重大意义。翻译教学应引导学生通过双语对比分析的方法找到英汉两种语言的差异，适当对源语的词汇、句法和语篇进行内部调整，尽量达到“信、达、雅”的标准。同时，外语教师要加强自身双语水平的修养，认真钻研英汉两种语言的异同，更好地服务于教学实践。教师可以采用建构主义的教学方法，多加引导学生积极建构，主动发现错误，重视自主学习，夯实双语基础。教师要随时掌握学生的学习动态，改进教学方法，培养学生的学习技巧。

总之，学生要在实践中理解中英语言之间的差异，学会如何处理语篇中的翻译点，以及处理依据，从心理上正确认识错误，发现、分析错误，进行正确归因，加强对源语和目的语文化的了解，把握内部语言规则，在实践中逐步掌握翻译技巧，提高英汉互译水平。

第三节　系统功能语言学视域下英语阅读翻译教学

英语阅读翻译教学对提升学生阅读能力、翻译能力、英语实践能力有着很大帮助。英语阅读翻译教学的目的是进一步强化学生对英语的使用和阅读能力，同时也是英语学习中最为关键的内容。然而，由于受传统英语教学理念影响，当前英语阅读翻译教学大多停留在老思路、老模式当中，教学有效性差、效率低。因此，英语阅读翻译教学中，应积极融入新教学方式方法，构建新型教学模式。实践证明，系统功能语言视域下的英语阅读翻译教学，便于学生理解文章，能有效调动学生学习积极性，帮助学生树立学习信心。

一、英语阅读翻译教学的难点分析

任何语言都有其独特形成背景，其形成与发展和社会背景、历史背景、文化背景、政治背景有关。因此，英语学习属于跨文化学习，英语阅读翻译过程中，若对这些文化和背景不了解，词汇掌握不熟练，往往阅读时难以正确翻译文章。由于英语起源于西方国家，所以很多词汇的诞生都受西方地域环境影响，而亚洲地域环境与西方地域环境存在差异，所以学生对文章的理解易出现偏差。此外，中西方思维方式不同，教育模式不同，思维方式不同也会导致联想差异，对文章的理解和联想也会出现不同。另外，文化差异也会给阅读翻译教学造成影响。而在传统教学模式下，模式化现象严重，千篇一律，照本宣科，学生则死记硬背，思维模式僵化，不能理清阅读思路、不能正确理解文章和知识，无法取得理想教学效果，学习信心受到严重打击，传统教学模式不利于学生英语阅读能力和翻译能力的提升。想要提高英语阅读翻译教学质量，应积极转变教学思路，构建新课堂模式。

二、系统功能语言学理论

系统功能语言学由英国著名语言学家韩礼德创立，该理论的基础是人类学功能学理论。马林诺夫斯基在人类学功能学理论中提出，语言具有功能性与工具性特点，所以语言学习应强调语境的重要性。韩礼德就是基于这一思想，提出系统功能语言学，并取得了重大的研究成果。他在研究中明确了语言应用功能，全面分析了社会与语言的关系，提出分析话语理论，确定了语境地位，为语言研究提供了新路径①。在系统语言学理论中，重点研究的是如何实现语言功能，强调语境与语义关系，重视语言应用功能，注重理论与实践的结合。韩礼德把语境分解为语场、语旨和语式，将系统功能语言学中的语言功能总结为人际元功能、概念元功能、语篇元功能。而语言功能的实现，则需要各功能协调，对于语言本质的分析更透彻、更深入。因此，该理论在语言教学中的应用，往往能取得较好教学效果，具有较强教学针对性与实效性，语言教学中应积极推广和应用该理论。

三、英语阅读翻译教学策略研究

现代英语教学中，阅读翻译教学一直都是重点和难点，对英语学习来说非常重要，既是英语学习的主要目的，也是学习英语的重要手段，属于重要英语实践技能，是学生英语水平提升的关键环节。英语阅读翻译教学，不仅能培养学生语言意识，还能提高学生翻译能力，扩大学生英语知识面，帮助学生更好地进行跨文化语言学习。但英语阅读翻译教学涉及内容多，知识点复杂，仅依靠死记硬背并不能取得理想的学习效果，传统教学模式适

① 姚丽，姚烨．英汉文化差异下的英语教学探究 [M]. 北京：中国书籍出版社，2014.

应性较差。而从前文对系统功能语言学理论的分析中可以知道，该理论非常适合应用于英语教学当中，系统功能语言学视域下英语阅读翻译教学从语篇宏观特征入手，教学中注重把握篇章体裁、系统结构潜势和主旨大意等要素。因此，教学过程中能大幅度提升学生阅读效率，使学生能更好地理解文章内容。这种教学方式不在强调一词、一句的翻译，而是注重全篇翻译，关注语义与语境的关系，把语言使用的基本意义单位作为教学重要内容，联系概念元功能与人际元功能，发挥语境优势展开英语阅读教学，促进了学生英语翻译能力提升，加强了理论知识与实践知识的联系，把知识点与语境联系了起来。在具体教学活动开展中，可利用合作学习法或情景教学法等多种教学方式展开教学，并融入系统功能语言理论。以情景教学法为例，该教学法能营造语言环境，培养学生阅读兴趣，促进教学活动的高效开展，且能帮助学生理解文章内容与细节，能大大降低阅读翻译教学难度，有利于系统功能语言学理论的融入，能有效发挥英语的概念元功能、社会功能、社交功能。教师可以结合教学目标，设置问题，规划课题，设计具体的教学情境，从而增强课程的针对性和实效性，调动学生积极性，利用教学情境使学生从被动学习转向主动学习。英语阅读翻译教学，属于跨文化学习，对学生理解能力有着较高要求，以往阅读翻译教学模式是假设阅读翻译、预测阅读翻译、检验阅读翻译、自下而上的策略。这就要求学生有一定词汇知识和语言基础，否则难以正确翻译，这严重忽视了语篇整体性，导致学习过程中学生理解不透彻。而这种基于系统功能语言学理论的多元化英语阅读翻译课堂，从文章整体入手，通过对文章结构及逻辑思维的分析，来进一步了解和体会文章主旨，学生在体会作者意图的同时，就能够很好地理解文章主体、对话主体、文化形式、知识点，也能对文章在大体上有着正确的翻译把握，学生在阅读翻译过程中便能正确概括文章主题思想，有效的弥补了学生词汇量小、阅读能力不足的问题，培养了学生英语阅读翻译意识，合理降低了英语阅读翻译难度，有助学生挖掘文章字里行间所隐含的深层意义，加深对文章的印象，所以学生对知识点的记忆更牢固，理解更透彻，学习效率大大提升。英语阅读翻译教学中应积极融入系统功能语言学。

新时代背景下，英语已成为人才必备技能。在英语学习过程中，阅读翻译能力非常重要，自然是英语教学的重点内容，但也一直以来都是英语学习的难点。传统英语教学方式方法在英语阅读翻译教学中的应用存在一定局限性，想要提高英语阅读翻译教学现状，提高教学质量，应走出传统，突破局限，基于系统语言功能学理论构建新型课堂模式，突出语言功能，加强理论与实践的联系。

第四节　语篇语言学与大学英语翻译教学

美籍荷兰学者 James Holmes 在《翻译学的名与实》一文中，对翻译学的研究目标、研究范围以及学科内部的划分提出了详细的构想。Holmes 把翻译学分为三大分支：一是描写翻译研究，二是翻译理论，三是应用翻译研究。

近年来，语篇语言学有了很大发展，西方学者纷纷把其理论引进翻译研究领域，这主要是因为当代语言学（尤其是语篇语言学）不再局限于研究语言本身，而是把视野扩大到语境和语言的交际功能上。例如，语篇语言学把文本视为交际活动，而不是一连串定形的文字与结构，而语言学则研究语言的使用，不是把语言作为一个抽象的系统。翻译工作者要研究语言，掌握语言的基本结构，明白语言如何在实际中运用，了解语言的本质及其功能，才可以系统地、有效地进行描写研究。描写研究是翻译学中最基础也是最重要的分支，该分支的研究成果为理论研究和应用研究提供了具体的资料和依据。

一、关于语篇语言学

“语篇语言学”的英文是 text linguistics，但有些学者也用 discourse analysis（语篇分析）或 text analysis（篇章分析）来指称这一学科。语篇语言学是 20 世纪 60 年代才逐渐发展起来的年轻学科，它吸收了包括语言学、符号学、心理学、人类学、社会学、文学等学科的研究成果，慢慢形成了一个专门研究交际中语言使用情况的涉及多个学科的一门学问。

语篇语言学的兴起和发展对翻译理论与实践的探讨起到了推动作用。在实际翻译中，已有不少人把语篇当作翻译对象和基本单位。关于语篇的定义，目前有两种不同的观点。一种是形式 / 结构派的看法：从结构方面看，“语篇”是大于句子的语言单位；语篇由句子组成。一种是功能派的看法：从功能方面看，语篇是一个语义单位，它不是一个比句子大的语法单位；它与句子不属于同一类型，因此它们之间不是“大”与“小”的关系；语篇与句子之间的关系是“体现”关系，即语篇由句子体现，或者说句子（形式）体现了语篇（语义）。

二、语篇翻译研究的几个重点

从语篇语言学的角度看，在翻译研究中有几个方面是探讨的重点。

（一）意义与其体现形式之间的关系

人们在交际过程中一般通过形式来体现意义、意图、目的。这种用于体现意义的形式既可能是言语性的（verbal），也可以是非言语性的，还可以是非言语性伴随言语性的形式。例如，表示“要求某人关门”这一意义，在汉语中可以说“请把门关上”“请你把门关上”“请您把门关上”“请把门关上，好吗？”“请你把门关上，好吗？”“请您把门关上，好吗？”等等，在英语中则可以说“Close the door.”“Close the door，please.”“Please close the door.”“Can you close the door?”“Will you close the door?”“Would you please close the door?”等。无论是用汉语还是用英语来表达“要求某人关门”这一意义都可以有非言语性的形式伴随。这些可能被选择的形式除了表示“要求某人关门”这一基本概念（命题）

意义外，它们还各自表达了不同的人际意义和语篇意义[①]。

就翻译而言，如“But I outrun my story，and accounting will be made before l am done.”这句话既可译为“我又说远了，对这一故事的描述还是等我在故事结束前再说吧。”又可译为“我又在寅吃卯粮了，这里的话留在故事结束之前再来叙说吧。”从翻译方法上讲，前者是“直译”，后者是“意译”；从翻译策略上讲，前者用了“异化法”，后者用的是“归化法”。如果我们从语篇参数角度考察上述两句译文，便可看出它们的“语场”“语旨”和“语式”是有差异的。如果从“文化语境”方面考虑，就更能解析它们所传递的不同意义。

（二）语篇特征

翻译模式有七种：①批评模式；②实践模式；③语言学模式；④语篇语言学模式；⑤社会文化学模式；⑥计算模式；⑦心理语言学模式。对于这七个模式，他们又着重阐述了语篇语言学模式。

在翻译研究中，语篇特征原则可用来解释如何获得原文和译文在语篇层面上的对等。但是，研究者必须清楚，获得语篇对等的条件是什么？有哪些特别的因素使语篇有别于非语篇？是什么特别的东西结合在一起创造了语篇特征？典型的语篇应具有以下七个语篇特征：意图性、可接受性、情景性、信息性、连贯性、衔接性、互文性。其他学者在谈论语篇翻译时，也提到了这些语篇特征。有些学者把语篇特征用作自己的分析框架，如 Reiss，Vermeer，Nord 等翻译行动派（目的派）；而有些则把它作为研究对象，如 Hatim&Mason 和 Bell 等语篇分析派。在翻译教学中，教师应当帮助学生建立语篇意识，将翻译对象作为一个完整的语篇来对待。而语篇意识的建立将使翻译视角从静态转为动态，将简单的词句对译转换为较大的语言单位对较小的语言单位的决策关系。

三、语境与语言选择

在交际过程中，语言的意义通常是根据语境来确定的，同一个语言单位在不同的语境中有不同的意义。黄国文曾经举了这么一个例子：book 在“He has written a book on discourse analysis.”一句中是名词，它表示的意义是“书”；在“I will book a room for you.”一句中是及物动词“预订”；在“He will book into a small hotel.”一句中是不及物动词，表示的意义是“登记住入旅馆”；在“He speaks only the book variety of French.”一句中，是形容词“按照书本的”。

四、蕴含意义的解释

在很多情况下，译者的难题并不在原文本身（因为他可以照字面意思译），而是能否让目的语读者明白原文的蕴含意义。Grice 在其著的《Logic and Conversation》一书中提出了会话含意的概念：为了使会话顺利进行，交际的双方都必须遵守一条原则，即所谓的“合

① 王佐良．翻译：思考与试笔 [M]. 北京：外语教学与研究出版社，1989.

作原则”。有了这条原则，交际双方所说的话语就不至于不连贯，因而双方就可以互相配合，达到成功交际的目的。

如何翻译出语言蕴含意义是译者的任务，而描述不同译者对此类问题的处理手法，并利用相关的理论去解释这些处理手法及其原则，就是翻译研究者的任务了。语篇语言学的分析方法不但可以帮助我们正确地理解原文，而且还能为选择合适的译文提供理论上的依据。

五、对大学英语翻译教学的启示

通过以上分析可以看出，翻译教学应向学生传授英汉互译的技巧和翻译基础知识，但应首先让他们具备篇章意识，视篇章为整体，将逐词对译的静态视角转为由上至下的动态视角，引导学生明白应首先正确理解词汇在语篇中的意义以及理解整个语篇的重要性，让学生明白翻译是在正确理解语篇意义的基础上跳出原语的框架，用符号译入语的表达形式完整忠实地转达原语的信息和意义，实现语际间的转换和信息沟通。

一直以来，学生对于如何在翻译实践中恰当地采用词类转译、增译、省译、正说反译、反说正译、拆句、合名等实用的直译或意译的翻译手段深存疑虑，语篇分析法让学生明白了一切翻译手段的运用都是为了忠实地还原具有衔接性与连贯性的原文语篇。这一点不但对英译汉适用，对汉译英也适用。

现代语言学，尤其是语篇语言学，与翻译学的关系息息相关，因为语篇语言学是把文本视为交际活动，而不是一连串的文字与结构；其研究的对象不仅仅是语言系统和言内因素，而且还包括言外因素（如说话者 / 作者与听者 / 读者及其之间的关系、社会文化、情景语境等等）。翻译教学的目标是让学生掌握基本的翻译理论和翻译技巧，有必要将语篇分析理论引入到大学英语翻译教学当中，指导大学生的翻译实践，引导他们把翻译看作一个整体，将静态的翻译视角转为动态，以提高翻译实践能力。

第五节　语言适应论视域下科技翻译教学

自 20 世纪 90 年代至今，科技翻译教学作为特殊用途英语，已从单学科的翻译教学走向了跨学科的翻译教学，从强调功能目的的翻译教学方法走向了强调交际功能的翻译教学方法，从强调翻译策略的教学理念走向了强调科技翻译的功能整体性教学。可以说，科技英语翻译研究的是科技英语、科技英语翻译，与专业英语相比，科技英语翻译课程涉及面更广、更宽；其翻译课程如“箭在弦上”，已经不是讨论教不教的问题，而是应该研究教什么、怎么教、如何教好的问题。科技翻译课程的“教什么、怎么教、如何教好”从本质上说是一个课程教学的整体性，需要从整体性思想进行全面的、科学的考察与探讨，才能理解与把握科技翻译教学的本质属性。基于此，本节以语言适应论为指导，结合科技翻译教学的内在属性及其科技翻译现象进行分析，探讨语言适应论与科技翻译教学之间的内在关联性，揭示语言适应论对科技翻译教学的启示性意义，科技翻译教学必须强调科技语言的变异性、商讨性与适应性，增强学生的翻译生成能力、语用策略能力与语言表义能力，最大限度地促进学生对科技翻译活动的融会贯通。

一、语言适应论与科技翻译教学的关联性

比利时语用学家维索尔伦站在跨学科性、功能整体性、语用综观性、语用普遍性与语言适应性的立场上分析作为理解语言使用的选择与适应，提出著名的语言适应论。语言适应论认为，语言的使用过程就是一个基于不同意识程度与语境关系之上做出不断选择与适应的过程。语言之所以进行选择与适应是基于语言所具有的三个密切相关的特性：变异性、商讨性与适应性。变异性是指语言具有一系列可供选择的可能性，它是语言选择的基本前提；商讨性是语言选择的策略指向，它是指语言选择不是机械地严格按照规则，或固定地按照形式—功能关系，而是在高度灵活的语用原则和语用策略的基础上来完成；适应性是语言选择的最终目的，它是指语言使用者能从可供选择的不同语言项目中做出灵活的选择，从而尽量满足交际的需要。三者构成了语言使用的统一体，也构成了语言选择与适应的约束力量。

语言适应论是吸收了整体论思想与跨学科方法论，强调语言表意功能的核心作用，将语言的变异性、商讨性与适应性进行了首次关联，形成了对语言现象的整体性功能综观，为科技翻译科学性与动态性之间关系的研究奠定了基础。在语言适应论的框架下，语言与语境之间是双向适应的，语言不仅要适应语境，同时语言也能改变与重塑了语境——它是构成语言选择的根本理据之所在。换言之，解释语言功能是动态的选择与适应的结果。如果从翻译角度来说，翻译则可视为是以选择与适应为基础的译者，将一种语言表征通过语言的变异性、商讨性与适应性为手段转述为另一种语言的适应性活动。从科技翻译的角度来说，强调语言的变异性、商讨性与适应性，是科技翻译的精确性得以确保的前提条件与内在要求，也是科技翻译得以变通与协调的根本原因[①]。

二、语言适应论对科技翻译教学的启示

语言观始终是外语教学理论建构的出发点与归宿。以语言适应论为视域，“教什么”所关注的是科技翻译教学的变异性问题；“怎么教”所聚焦的是科技翻译教学的商讨性问题；“如何教好”所考察的是科技翻译教学的适应性问题。从本质上说，科技翻译教学就是在系统地探究科技翻译的变异性、商讨性与适应性问题，并有效地将三者动态地贯穿科技翻译教学的始终。在语言使用过程中，变异性体现了语言使用的生成性，商讨性表达了选择

---

① Cetra Fernando. 习语与习语特征 [M]. 上海：上海外语教育出版社，2000.

的不确定性，适应性展开为语言使用的本质核心，三者形成一种嵌套的、解释的、研究语言现象的概念性框架。鉴于科技翻译教学所要关注的变异性、商讨性与适应性，语言适应论给科技翻译教学以重要启示与理论指导作用。

（一）科技翻译教学要培养学生的翻译生成能力

面对科技翻译实践中既用标准化术语又用非标准化术语的现实情况，就像是进入了香格里拉的原生态草地，绿草如茵，繁花似锦，绚丽多彩。然而，国内大多数科技翻译教学倾向于聚焦科技翻译的模式化而更多地忽视了变异性，追求科技翻译教学的标准化而更多地忽视了非标准化。这种忽视趋向其实是对科技翻译教学机体的一种侵蚀，既潜在地忽视了科技语言的变异性，又忽视了提高学生的翻译生成能力。科技翻译教学作为培养具有深厚的专业技术、丰富的科技文化及其动态的科技信息洞察力等的科技翻译人员，就不再是一个孤立的、给定的模式化与标准化的教学范畴，它是在模式化与标准化的基础上更大范围内的灵活变异的适应过程，是一个通过变异性通达原文真实意图而生成的翻译行为。因此，科技翻译教学首先要关注科技语言的变异性，提高科技翻译教学的变异性，在教学实践中培养学生的翻译生成能力。

例（1）Tension is building up.

科技名词“tension”在（1）中是动态生成的，具有不同的语言表意功能。它在机械、电子、物理学中分别译为“张力”“电压”“压力”，而不能将之归结为标准化或模式化的科技术语。可以说，在信息时代科技发展日新月异，科技语言不是静止不动的，而是始终处于不断地动态选择之中。与此同时，科技翻译是过程性的。科技翻译的过程就是一个不断做出语言选择的过程，这个过程是受制于语言结构、文化认知、科技规范等因素而生成的。换言之，科技翻译实质上就是语言表意功能驱动下原文语篇与译文语篇之间意义的动态交织过程，这个过程是一个动态的受限生成过程。生成是科技翻译的内在动力，从而对某个科技术语或科技语言产生一系列可供选择的可能性。

例（2）The most important oxyfuel gas welding is oxyacetylene welding.

例（2）中的“oxyfuel gas welding”的翻译是一个需要不断选择的过程，而不是直接将这个术语直接翻译为“氧燃料气体焊接”，这个动态的过程需要考虑科技术语规范以及术语的系统性，氧燃料（oxyfuel）、气体（gas）与焊接（welding）等共同构成的词汇链而生成更简洁更准确的术语“气焊”。可见，生成能力贯穿于整个科技翻译教学的各个方面，延伸于动态性的翻译活动之中，它是学生个体所具有的。因此，科技翻译教学要关注科技语言的动态性，挖掘科技语言的变异性，展现科技翻译的生成性，让学生在科技翻译教学中形成一种翻译生成意识以及获得翻译生成能力的培养，从而提高学生对科技术语的翻译技能。

（二）科技翻译教学要提高学生的翻译语用策略能力

科技翻译的商讨性表征了科技语言选择的不确定性，这就需要在科技翻译教学中善于培养与提高学生的语用策略能力，使学生在科技翻译过程中拥有不同的策略意识与翻译的语用策略能力。科技翻译语用策略能力的要求与培养，与《欧盟笔译硕士培养方案》的要求是一致的，即“要求学生了解翻译职业准则、版权、报酬、就业机会等，强调翻译要符合目的、达到商业翻译的要求，学生要学会根据不同的文本类型、翻译目的和用户要求，用全译、摘译、编译、改写、编辑等不同方法处理原作”。换言之，科技翻译教学需要让学生意识到，科技语言选择不是机械地严格按照科技语言的规则，或固定地按照科技语言形式——功能关系做出的标准化或模式化的翻译，而是在高度灵活的语用原则和语用策略的基础上来完成译文。这就需要科技翻译的灵活性与模式化之间张力达到优化的平衡作用。科技翻译把原作内容再现决定了其译语表达形式具有一定的灵活性，科技文章形式的相对稳定性又决定科技翻译中译语表达形式具有模式化的特征。科技语言作为承载一定语用功能的信息类文本，具有术语多、句式层层套嵌与文体跨度大的语言特点，如果译者没有翻译的语用策略能力，就会容易犯科技翻译中的翻译症，导致科技翻译语言不专业、逻辑混乱、篇章不连贯等问题。

例（3）Maglev is a system in which the vehicle runs levitated from the guideway（corresponding to the real tracks of conventional railway）by using electromagnetic forces between super conducting magnets on board the vehicle and coils on the ground.

例（3）中科技术语的专业性特强，承载着一定语用功能的信息，它不同于普通词的特点。例（3）中“forces”所承载的语用功能信息是磁浮列车分为常导型（表征电磁吸力）和超导型（表征电磁斥力）①。那么，“forces”所缺省的语用功能信息需要在翻译中运用语用策略进行适应性的选择，把它所缺省也包括文字载体本身所沉淀的语用信息转述出来，即“electromagnetic forces”不能简单地利用科技术语规则翻译为“电磁力”，而应译为“电磁吸力或斥力”。

在翻译教学过程中，教师必须培养学生的翻译语用策略能力，增强学生的语用策略意识，让学生意识到科技翻译具有科技语言的商讨性。它要求学生不能按照科技翻译的模式化，而是在高度灵活的语用翻译策略的基础上来理解与分析承载语用功能信息的科技术语。理解与把握科技翻译的商讨性，就能从学生的意识思维上提高学生在科技翻译中的语用策略能力，从教学方法上抓住科技翻译教学的脉搏与心率，将科技语言中所承载的语用功能信息进行显化处理与调变，动态地选择恰当的翻译方法。

（三）科技翻译教学要增强学生翻译的语言表义能力

科技翻译教学表明，翻译教学活动中不可避免地要处理科技语言的变异性、商讨性与适应性问题，其原因在于科技翻译是一种以变异性与商讨性为手段而不断进行选择的适应性活动，译者在透彻理解原文语篇所表达的真实意图上，尽量能从可供选择的不同语言项目中做出灵活的选择，译者在译文中应着力勾勒出原文所需要表达的语言表意功能。语言表意功能既是人类语言中普遍存在的，亦是语言使用过程中随处可见的；语言表意功能是

① 邓炎昌，刘润清．语言与文化 [M]. 北京：外语教学与研究出版社，1999.

指一般意义上的意义生成，而意义生成是基于不同意识程度而作用于语境—语言结构相互关系之上动态的语言表意功能过程。科技翻译不是一个原作语言符号对应目的语语言符号的简单机械过程，而是一个对原文进行语言表意功能或意义生成的动态过程。然而，当前的科技翻译教学没有体现对学生的语言表义能力的培养，反而过多地强调科技翻译的标准化与模式化，因而科技翻译教学模式就无法意识到意义生成的动态性与建构性，忽视了科技翻译的动态生成。因此，科技翻译教学必须有意识地增强学生的语言表义能力，在科技翻译过程中理解与把握原文的意义生成，进而基于不同意识程度而作用于语境—语言结构相互关系之上转述为译文的语言表意功能。以“水利”一词的英汉互译为例：

例（4）a.water resources b.hydraulic engineering c.water d.water conservancy e.hydro

“水利”的语言表意功能是表征性或者说是不完备的，它是基于不同意识程度而作用于语境—语言结构相互关系之上动态的语言表意功能过程。以此为切入点，International Training Center for Water Resources Management 的表意功能为“国际水资源管理培训中心”，而 China Institute of Water Resources and Hydropower Research 的表意功能为“中国水利水电科学研究院”，International Association for Hydraulic Research 的表意功能为“国际水利学协会”，International Association of Hydrological Science 的表意功能为“国际水文科学协会”，International Water Supply Association 的表意功能为“国际供水协会”。科技翻译始终聚焦于原文的语言表意功能，这就需要译者对科技术语的表意功能进行理解与分析，以语言能力为基础，以主题能力为出发点，以转换能力为手段，促使原文的语言表意功能转述为译文的意义生成。翻译的语言表义能力就是一种由语言能力、主题能力与和转换能力构成的翻译能力。因此，科技翻译教学必然有利于学生掌握语言表意功能，通过语言表意功能去引发学生理解原文的意义生成，促使学生在翻译过程中自觉地、有意识地运用语言表意功能去识解原文的真实意义，从而通向具有原文表意功能的译文。

科技翻译教学与语言适应论密切相关表现在语言适应论能为科技翻译教学提供理论性指导与启迪。这样，科技翻译教学的基本定位，就是从根本属性结合语言适应论去挖掘科技翻译教学的“教什么”“怎么教”与“如何教好”，设定科技翻译教学的方法论，划定科技翻译教学培养学生能力的范围倾向。语言适应论视域下，“教什么”所关注的是科技翻译教学的变异性问题，“怎么教”所聚焦的是其商讨性问题，“如何教好”所考察的是其适应性问题。这样，科技翻译教学就系统地探究了科技翻译的变异性、商讨性与适应性问题，并有效地将它们三者动态地贯穿科技翻译教学的始终，最终在翻译教学实践中培养与增强学生翻译的生成能力、语用策略能力与语言表义能力[①]。可见，语言适应论的思想已经深刻地介入到科技翻译教学之中，它所显示的思维方式的变革与理论指导作用对我国科技翻译教学的发展与解决当前科技翻译教学中存在的学生翻译能力培养问题的思考，为我们提供了新的研究视角和新的生长点。

① 杜学增 . 中英文化习俗比较 [M]. 北京：外语教学与研究出版社，1999.

第六章　语言学与英语翻译教学模式研究

第一节　基于认知语言学翻译观的翻译教学模式

在翻译过程中，为保证翻译的准确性和效率，翻译者必须具备较强的翻译能力，能够领悟所翻译内容的核心思想，洞悉原作者的创作意图，即翻译中需要体现翻译体验和翻译认知，该点与认知语言学翻译观基本符合。在翻译教学中，科学地构建认知语言学翻译观教学模式，对提升学生的翻译认知水平和翻译能力具有一定的积极作用。本节主要分析传统翻译教学模式中存在的不足，并在此基础上针对认知语言学翻译观教学模式的构建提出几点建议。

认知语言学自 20 世纪 80 年代开始在国内外迅速发展，得到了诸多领域研究学者的认可。与客观主义语言学相比，认知语言学具有更强的解释力和描写力。客观主义语言学比较关注最终的结果，翻译中运用客观主义语言学观念，最终产生的翻译结果会与原文本展开对比，而后对翻译规律进行归纳与总结，翻译者在此过程中并不能自行发掘翻译方法，亦无法深入领会原作者的创作思想。但通过运用认知语言学的观点，翻译者在翻译过程中可以加深认知与理解，继而提升自身翻译水平，保证翻译质量。由此可见，翻译教学有必要进行认知语言学翻译观教学模式的构建。

一、认知语言学翻译观概述

认知语言学的理论基础应为体验哲学，其比较重视突出主体本身认知活动在翻译中的表现。认知语言学翻译观认为，翻译过程在将现实体验作为背景的情况下，译者需要对源语语篇所表达的内涵加以透彻理解，并且在认知主体参与互动的情况下，尽量将所领悟到的含义用自己的语言加以表述。因此可以说，认知语言学翻译观强调翻译中必须包含认知活动，由此才形成体验与认知的结果，即形成译文。与此同时，作为认知主体之一的译者必须与其他认知主体之间产生互动和制约，这样才能保证在坚持自己观点进行翻译的情况下又不任意发挥，形成比较动态的、平衡的翻译状态。基于此，翻译教学中可以应用认知语言学翻译观进行新型教学模式的构建，以进一步提升学生的翻译素质和能力。

二、传统翻译教学模式存在的不足之处

（一）重视结果，忽视过程

翻译本身属于一种带有目的性的跨文化、跨语言、跨地域的交流活动，若要保证翻译质量，译者必须具有较高的语言文字理解能力和翻译技巧运用能力。目前，翻译教学中较常见的传统翻译教学模式并不能形成双向的文化交流，仅属于单向的文化传播。传统翻译教学模式主要是指在以教师为主体的情况下，由教师进行原文本的逐句翻译，学生对翻译好的内容进行记录，并且对教师强调的重点翻译词汇、翻译语法进行记忆。在此基础上，教师会对其所讲的翻译语法、词汇等进行课堂随机考查与阶段性考试，且主要根据考查与考试的结果对学生的翻译能力做出判断。可以说，传统翻译教学模式下，教师仅关注到了学生翻译学习的结果，并未关注学生翻译学习的方法和过程。另外，传统翻译教学模式在传播知识与文化的过程中并未对学生展开翻译技能训练，该点与“填鸭式”的教学模式存在密切关联，即教师仅进行课堂上的翻译知识传授，学生仅进行理论学习，并未得到在实践中运用翻译技能的机会。从上述不足可以得知，传统的翻译教学模式将行为主义理论作为基础，仅要求学生最终形成的翻译结果具有较高价值，却忽略了翻译过程中翻译技巧的运用对翻译结果会产生直接影响[①]。

（二）学生的教育主体地位缺失

翻译教学中所采用的传统翻译教学模式并未做到以学生为中心，亦未充分重视学生在教育当中的主体地位，即传统翻译教学模式下，教师对学生展开教学时往往会只提供一部分翻译原文，要求学生自行翻译，在学生翻译完成后，由教师提供标准参考答案并对学生翻译当中出现的问题进行讲解，由此对学生翻译的优劣做出客观评判。与此同时，教师在对翻译理论进行讲解、对翻译技巧进行总结时，往往会以具体的翻译教材译例为依据，并不会对学生这一教育主体予以高度关注，即教师不会对学生在翻译教学中的需求、困难、不足等做出全面分析处理，最终导致制定的教学内容、教学目标均脱离了学生，无法凸显学生的教育主体地位，翻译教学的效果亦难以得到保障。传统翻译教学模式虽然对学生展开了翻译语言的训练，但并不利于培养学生的翻译能力，学生在整体学习过程中处于被动状态，难以激发学习积极性。

（三）教师与学生缺乏沟通

任何教育活动中均需要教师与学生之间展开有效沟通，以促使教师的教学更具针对性，学生的学习更具有效性，但在传统翻译教学模式下，教师与学生之间严重缺乏沟通。教师在翻译课堂上往往进行固定模式的教学，即根据事先拟订的教学计划和教学目标，依据教材按部就班地进行翻译教学，且教学内容大多为对翻译语言的巩固。同时，教师没有与学生展开有效沟通，导致其翻译教学的内容无法引起学生的兴趣，甚至不符合学生所能接受

① 骆世平．英语习语研究 [M]. 上海：上海外语教育出版社，2007.

的水平，或者难以满足学生的学习需求。加之学生在翻译课堂中仅仅是被动地听教师讲，无法充分发挥其自身主观能动性，因而无法在翻译中提升认知水平与理解能力。

三、认知语言学翻译观教学模式构建

（一）重视学生的翻译体验性

构建认知语言学翻译观教学模式时，首先必须重视学生的翻译体验，即重视翻译结果的同时亦重视翻译过程。翻译必须将现实体验作为背景，认知主体必须具有多重参与互动的特点，从而产生有效认知。在此方面，教师需要对认知语言学翻译观有清晰的认知，而后利用多样的教学手段，如利用多媒体将符合学生学习需求的翻译教学内容展示在大屏幕上，展示内容的形式可以为音频、视频或多彩的文字，为学生创设比较贴近生活的翻译语言环境，使学生从内心产生一定的语言认知，继而引导学生在特定语言环境中进行翻译语言与语法的练习。例如，在翻译与大自然相关的文章时，教师可以在课堂上适当营造大自然氛围，利用多媒体播放山林鸟语、潺潺流水等大自然的声音，促使学生感悟源语语篇作者创作的背景和心境，继而在产生认知的情况下抒发翻译情感。由此可见，认知语言学翻译观教学模式下，学生能够根据教师的引导对源语语篇所要表达的内涵加以透彻理解，并尽自己的能力用目标语言加以表达。从该点可以看出，认知语言学翻译观教学模式当中存在作者、读者、译者三种身份，无论作者创作时的认知，或读者与译者的理解，均与亲身体验存在密切关联。因此，只有重视学生的翻译体验，才能促使其更深入且准确地理解翻译原文的精髓。

（二）充分发挥学生主观能动性

充分发挥学生主观能动性，即落实学生在课堂教学中的主体地位。认知语言学翻译观教学模式注重充分发挥学生的主观能动性，目的在于锻炼学生翻译的创新和创造力。由于译者自身思维方式、文化背景、对事物的体验等均存在差异，其在翻译中进行语言和语言的转换时自然会产生不同的结果，该点与译者的主观能动性存在密切关联。翻译教学中将学生作为课堂主体，教师引导学生在翻译中自行认知与体验，而后根据所理解的作者思想和文本内涵进行翻译处理，有利于学生在不断摸索中总结翻译方法和技能。教师可以在翻译课堂教学过程中组建翻译小组，每个小组成员负责一段翻译内容，在自由讨论的基础上使学生充分发挥主观能动性，表达自己在翻译当中的见解和思想。另外，教师亦可以在翻译课堂外利用信息化教学手段组建班级 QQ 群或微信群，并在群中发布活动，使学生根据群消息的指示对所要学习或所要巩固的翻译方法、技巧等进行练习，亦可以达到充分发挥学生主观能动性的目的[①]。

（三）体现翻译多重互动性

认知语言学翻译观表示，翻译属于现实、认知、语言逐一过渡的过程，其中会涉及现

① 平洪，张国扬．英语习语与英美文化 [M]. 北京：外语教学与研究出版社，2000.

实生活、人和文本翻译语言以外的因素。采用认知语言学翻译观教学模式，充分体现翻译的多重互动性，主要是指教师与学生之间需要产生良好的沟通互动，以便教师更准确地把握学生在翻译教学中产生的学习需求，从而制订更加切实可行的教学计划。除此以外，翻译多重互动性亦指译者与读者之间需要产生多重互动，译者作为翻译中最主要的认知主体，其必须对原本、译文，以及译者和读者之间的关系进行反复考量，在此基础上保证翻译的合理性与和谐性。教师在教学过程中必须强调译者与现实世界及翻译文本之间的有效互动，以此促使学生自行深入领会翻译的思想内涵。

认知语言学理论为认知语言学翻译观的形成奠定了基础，更为翻译教学提供了全新的视角与方法。传统翻译教学模式并不能促使学生在翻译过程中锻炼自身的翻译创新思想和能力，并且无法促使学生与教师、翻译文本和现实生活产生有效的沟通与互动，导致学生的翻译水平和能力均无法得到有效提升。而认知行为学翻译观教学模式在一定程度上强调学生作为翻译主体在认知和理解方面的重要性，认为学生应在教学过程中充分发挥自身主观能动性，并注重体现翻译的多重互动性，其有利于提升学生的翻译实践能力。

第二节　基于对比之上的英语专业本科翻译教学模式

在英语专业本科生的翻译教学中，以对比作为基础，可以使学生对双语差异形成系统的、完整的认识。学生同时进行英译汉与汉译英训练，用对语言差异的认识来指导英译汉，并以这种认识和在英译汉中的体会来指导汉译英。学生在教师的引导下，在英语与汉语之间反复进行转换与对比，既有助于认识语言差异，又能使他们对翻译方法形成深刻的认识，充分调动学习积极性，是一种启发式的教学模式。因此，本节认为基于对比之上的翻译教学是一种科学有效、值得尝试的翻译教学模式。

在大学英语专业本科翻译教学中，必然涉及语言、思维、文化之间的对比，因此对比与翻译教学有着不可分割的联系。然而对比在翻译教学中仍然仅体现在个别环节中，将对比贯穿于整个翻译教学中，以对比为基础的翻译教学仍然是一个探索不多的领域。基于对比之上的翻译教学在教学实践中具有有效性和可操作性。

一、基于对比之上的翻译教学发展现状

穆雷（1999）和张美芳对翻译教学和教材的调查研究显示，中国大学英语专业本科翻译教学中所选用的教材有几种不同的类别，教学方式也显示出几种代表性的模式，但以对比为理念的教学模式并未占有比较重要的地位，相应的教材也很少见。目前国内可视为有代表性的以对比为基础的教材类著作有《英汉语言对比与翻译》《汉英对比与翻译中的转换》《新编汉英对比与翻译》《英汉对比研究（增订本）》《实用英汉对比与翻译英

汉双向》《英汉对比研究（增订本）》《英汉对比翻译导论》《汉英对比与翻译导论》，以及建立在英汉语对比基础之上的《英译汉教程》等。除了连淑能的《英译汉教程》，其他几本著作都对语言对比，尤其是汉英对比做了或理论与实践兼顾，或重实践和语料的研究，对翻译教学都有很大的帮助，但本身并不是按照教材的思路而设计的，因此不能直接作为翻译教材，但可以作为教辅用书。连淑能教授多年从事英汉对比研究，因此他在撰写这本教材的过程中，将对比的方法运用得非常娴熟。但是，这可以看作一本将对比包含在内的教材，仍然不是以对比为基础和编写理念。再从翻译教学设计上来说，根据对周边学校翻译教师的调查，几乎没有将对比系统地融入翻译教学的例子。然而，通过自身的翻译教学实践，通过关于对比与翻译之间的天然联系的探讨，认为以对比为基础和理念的翻译教学是一种可行的、有效的翻译教学方式。

二、对比与翻译教学应该结合的原因探讨

正如具有多年对比语言学研究经验的潘文国教授所指出的：“对比与翻译有天然的联系似乎是人所皆知的事实。”显然，翻译是在两种语言之间的转换，对比应该是翻译教学中必不可少的基础性组成部分。刘宓庆教授认为，“为保证（翻译学）应用理论研究的科学性，我们必须紧紧把握住我们的基本手段，即对双语的对比描写和解释”。正是在这种思想的指导下，刘宓庆将对比研究对于翻译的理论和实践意义以及途径做了系统的研究。这种对比研究，其目的就是“通过揭示双语（两个‘比较的对象’）之间的相似性和非相似性使我们的语言事实清楚地显现出来”，从而为双语之间（在刘宓庆的研究中）尤其是汉英之间的转换提供对策性、针对性、操作性的原则和方法。也就是说，先有对比研究，而后才有翻译原则与方法研究，从而显示出对比研究对翻译研究的基础性作用。

基于对比研究与翻译研究之间的这种天然联系，在翻译教学中必然要将对比置于一个非常重要的地位。如前文所说，这种地位应该是基础性的，对比应该成为贯穿翻译教学始终的一种思维，这就是基于对比之上的翻译教学[①]。

三、翻译教学的出发点是通过对比揭示“差异”

在本节中，“对比”并不和“比较”做严格的区分，但重点在于“差异性”。因为在英汉互译的实践“差异性”是难点和重点。只有在面对两种语言之间的差异点的时候，才能考查出学生的具体翻译能力。学生需要调动自己的已有知识（包括翻译技巧）在差异之间寻求转换，转换成功与否决定了译文质量的高低。翻译能力不一定与外语能力相一致，也就是说，两种语言都能单独运用自如的，不一定在两者之间的转换中也能运用自如。学生译文质量不高，其根本原因在于思维转换上存在相关障碍。在思维上没有对英汉两种语言的差异形成系统、深刻的认识，在翻译中就不可能将译文引向合适的方向，从而导致译文

① 戴炜栋，何兆熊．新编简明英语语言学教程 [M]. 上海：上海外语教育出版社，2010.

丧失美感，甚至连基本的习惯表达法都难以达到。

在汉译英翻译教学和学生的翻译实践中，问题更为严重。学生在翻译的过程中，只是将文本的意义进行了转换，至于目的语的美感，则无暇或者没有能力去考虑。因此，通过语言对比，通过语义、句法、审美等层次上的对比，帮助学生对将要产生于他们笔下的译文构建出一个“蓝图”，并且培养他们辨析译文优劣的能力，是对比的功能和作用，也是其目的和优势。

四、基于对比之上的翻译教学过程概述

基于对比之上的翻译教学过程可以简述如下：将对比的层次根据由简单到复杂、由微观到中观再到宏观的顺序组成一个系统，然后根据这些层次确定每次课堂的教学内容。在课堂上，按照本次课堂的教学重点，首先提供给学生一定量的英语和汉语材料，让学生对两种文本进行对比和讨论（这一环节也可放在英译汉之后）。然后，学生或独立或分组做英译汉练习，并在教师的引导下，对英语原文与汉语译文之间的差异进行观察与讨论，并进一步对这种差异进行分析与总结。这样，在学生与老师的共同努力之下，学生由零散到整体、由浅入深地认识英汉之间的某种差异，并且通过双语对比、回忆练习等方式加深对此差异的认识。当学生对这种差异有较好的掌握体会之后，引导学生在接下来所进行的汉译英练习中，用已经获得的对差异的认识和已经使用过的翻译方法来指导自己的翻译。然后，学生在英语原文、汉语译文、汉语原文、英语译文之间反复进行观察与对比，对两种语言之间的差异和翻译方法进行进一步的分析和总结。在整个过程中，教师是引导者，引导学生去分析和总结，而分析和总结的前提和基础则是学生自己的观察和讨论，以及自己的翻译实践。

在以上的过程中，发现双语之间的差异是翻译中的重点和难点，而训练的目的则不但在于提高学生克服“翻译盲点”以及在“非现成用法”之间进行转换的能力，而且要引导他们将在翻译中形成的认识提升为系统的、能用来指导实践的知识，并能用自己已经获得的知识来辨析译文质量的高低。

比如，在讲述微观层面的英汉语之间“物称”与“人称”的差异时，首先提供给学生能反映英语“物称”特点的英语材料，包括短句5个、小段2个，让学生进行快速翻译。之后，让学生对刚才的英译汉译文进行润色，并在小组之间进行译文讨论和分析。然后，教师让每个小组都找出自己最满意的译文（有时不止一种），让学生将这些译文与原文进行对比，寻找差异。如“The thick carpet killed my footsteps”在译为汉语时，学生发现只有改变主语，才能得到通顺、符合汉语习惯的译文。这就是一种思维上的转换。但学生此时并不一定能认识到这是一种有规律的、思维层面上的转换。这时候，教师的引导性角色就十分重要了，他要指导和组织学生将零散的、间或的、表面的认识上升为系统的、深刻的、规律性的认识。也就是说，通过有目的的翻译和对比练习来使学生对英汉之间的差异获得

系统的认识。然后，教师再提供同等数量的能反映汉语“人称”特点的材料，让学生阅读、观察、分析，引导他们能够从刚才所发现的差异入手来引导自己的翻译，并进行英语—汉语—英语之间的反复比较，在比较的过程中一方面加深对这种差异的认识，另一方面提高自己的翻译质量。实践证明，学生在进行了这样的训练之后，在以后的汉译英实践中遇到同样类型的语料时，对翻译方法的选择会更加灵活，译文也更符合英语的表达习惯①。

再如，在讲述中观层面的文体方面的对比与翻译时，如翻译旅游广告的时候，学生不易了解到什么是应该翻译出来的，什么是应该精简或省略的。在这种情况下，教师应先给学生提供大量的双语旅游广告语料让学生加以阅读、对比，主动寻找差异并进行讨论，提出自己的观点，之后教师再根据学生的反应引导学生加以总结，这样学生的体会就会更加深刻。而且，学生可以通过双语对比、总结差异、分析翻译方法、译文讨论等一系列环节，明确此类翻译的特点和目的，并提高学习的主动性和兴趣，起到举一反三的效果。

在这个过程中，学生需要自己去分析、发现、总结，中间既有独立工作也有合作，既有实践，也有理论上的总结。更重要的是，学生能够在实践和讨论中形成认识，指导接下来的实践，是一种良性的、积极的循环过程。这在本质上更接近学生为主体、教师为主导的启发式教学模式。

五、对比教学模式的优点和要求

翻译教学中一直在倡导教师与学生的互动，打破单纯的“练习—讲解”的模式，要求学生成为翻译课堂教学的主体。连淑能教授在多年翻译教学的基础上提出翻译教师的角色应该从“教”变为“导”……要采用“启发式、讨论式、发现式和研究式”的教学方法，培养学生的“分析、综合、批评和论辩的能力以及提出问题和解决问题的能力”，以及“独立学习的能力”。

结合自身的教学体会，基于对比之上的翻译教学在一定程度上可以克服或减轻传统语法词汇教学法的一些弊端，较为符合现代翻译教学的要求。首先，它是一种真正的启发式教学模式。学生在课堂和课外要做大量的文本对比、观察、分析、总结、翻译工作，成为翻译教学真正的主体。其次，通过建立对英汉语言之间差异的系统认识，学生能够在了解差异的基础上寻求合适的翻译方法和策略，主动地解决问题，真正提高了翻译能力。再次，学生在讨论分析和尝试做出总结的时候，对理论会产生自然的需求，因此，教师在系统地讲授有关的翻译和语言理论时，效果会更好，使理论自然地成为英语专业本科生翻译教学中的一部分。最后，学生在这样的学习过程中，有所发现，有所解决，能够提高学生翻译的积极性，在培养能力的同时，更培养了兴趣。

这种教学模式对现行的翻译课程设置与翻译教材的编写都提出了新的要求。首先，在课程设置上，大多数学校采用的是英译汉与汉译英分开的方式。而基于对比之上的翻译教学模式要求英汉互译同时开设。这样的好处在于学生能够在双语语料之间进行对比和分

① 王坦. 合作学习的理论与实施 [M]. 北京：中国人事出版社，2002.

析，及时地运用在英译汉中获得的知识和方法来指导自己的汉译英实践，有利于加深印象、巩固认识。翻译课程分为英译汉与汉译英是根据翻译方向划分的，而基于对比之上的翻译教学则需要做更符合认知规律的划分，根据学生的接受能力和认知规律将翻译课分为不同的阶段。在初级阶段或者基础性阶段的翻译教学中，教学任务主要是认识语言的基本特征，掌握基本的翻译方法和技巧，使学生能够对词、句、段进行有效的转换，较为微观。在高级阶段，则需要进行更多的现实文本的翻译训练，培养学生的文体意识、情境意识和审美意识，属于中观层次。而思维与文化之间的差异则需要作为一个宏观的内容统摄翻译教学的始终。

在教材编写上，与翻译课程的设置相一致，教材的编写不再根据翻译方向分为英译汉和汉译英教程，而是根据层次的高低划分为不同等级的英汉互译教程。学生用书与教师用书应该分别编写，在学生用书中提供大量的语料供学生观察与分析，辅以相应的数量的练习，以巩固知识、训练技能，并且穿插一定量的理论知识起到总结和提升认识的作用。而在教师用书中，则提供更多的相关学科理论、教学过程指导与参考译文。这样的教材在课堂上才能真正成为学生的“工具”，也能成为老师的“得力助手”。在语料的选择上，需要所提供的文本具有代表性和真实性，并尽量提供模拟实际的翻译情境，有利于学生做出有效的策略选择。

基于对比之上的翻译教学，其核心在于对比语言学与翻译教学的结合，同时，与文化对比、思维对比等层面不可分割。杨自俭提到翻译教材的“主体部分应是运用对比文体学的研究成果对英汉语篇做对比分析”“做语篇对比分析要运用对比语言学的研究成果”等观点，也是将翻译中的对比提高到了一个核心的位置。但如前所说，对比在翻译教学中的核心或基础地位，是要由一系列的教学改革来实现的，对翻译教材、教学方法、教师知识范围到课程设置等各个环节都有新的要求，翻译教学整体上应该成为一个以对比为中心、提高翻译能力和翻译质量为目的的完整系统，而不是零散地将对比的知识和方法间或地应用到翻译教学中。

当然，基于对比之上的翻译教学模式只能是众多翻译教学模式中的一种，并非唯一有效的方法。但无论是在理论上还是在具体的教学设计上，都需要有更深入的研究和探讨，也需要更多的实践来产生有效的经验。

第三节　语类理论视域下的翻译教学模式

翻译能力体现了英语专业学生的语言运用能力。随着社会对毕业生要求的提高，增强学生的语类翻译能力成为课堂教学的重点。语类是系统功能语言学中一个重要的概念，强调语篇的目的性以及语言的规约性，是建立语类理论视域下翻译教学模式的基础，它由课前准备、课堂教学、课后巩固三个环节组成。

在英语专业本科学习阶段的所有课程中，翻译课程因其实用性和实践性而与其他课程有所不同。近年来，随着毕业生就业渠道的拓展，师范英语专业的毕业生进入教师以外行业的可能性增大。这种变化迫使师范院校英语专业在课程设置和教学内容上进行必要的改革。以翻译课为例，课堂教学一度只强调翻译技能的教学，这显然与当前社会对学生的语类翻译能力的要求有很大的差距。

系统功能语言学认为，语篇是理解词汇和语法的基础，语篇在社会语境中展开，语篇的理解依赖于语境。由此来看，系统功能语言学对语篇的研究强调语篇和语境之间的关联，并将语境分为语域、语类和意识形态三个层面。其中，语类影响语篇的整体组织和结构。这是从语篇的交际功能和社会功能的视角看待语篇的方式。由于他们的语类理论是在语言教学的实践中建立起来的，它在教学中的价值已经引起了国内外研究者的重视，国内外众多研究者将它运用到学习者提高英语阅读和写作技能的教学中。这些研究表明，语类理论视角下的语言教学有助于学习者提高对于语篇的宏观和微观特点的敏感度。对于英语专业本科生而言，翻译学习的目的是培养学生的翻译基本功，以适应将来社会的需求。这种基本功的内容既包括句子层面的翻译能力，更包括语篇的结构特征。基于此，本节探索将语类理论运用到翻译教学中的模式。

一、语类概念的含义及对翻译的意义

语类研究由来已久，研究重心经历了从对文学语篇的研究到非文学语篇的研究的转变。在对非文学语篇的研究中，系统功能语言学对语类的阐释有其独到之处。如 Hasan 提出了语类结构潜势概念。Hasan 认为，语类是社会中实现不同目的的语篇，它们由多个含不同目的的语步构成。这些语步有强制性的和选择性的，它们能为实现语类的总体目标做出贡献。Hasan 的语类理论一方面强调了语类对于语篇的宏观结构所具有的决定性作用；另一方面，它也说明语篇的意义结构存在于语类结构之中，语类结构体现了语篇的独特性，但它也使语类和语域之间的差异显得模糊。

相比较而言，Martin 对于语类的定义则有所不同。首先，他将语类视为语境模型中的四个变量（语场、语旨、语式和语类）中的一个。其中，语场、语旨、语式构成语域，它通过语言实现；而语类则通过语域和语言共同实现。其次，Martin 将语类定义为“分步骤、有目标导向的社会过程”。这里的“分阶段”指的是语篇结构分为相位，研究者对语篇的研究就是研究应该关注这些相位；“有目的导向”说明每个相位都有其特定的交际目标；“社会过程”说明语篇是为特定的读者群而写的。在这个框架下，语类和语域属于两个不同层面，而且语篇的社会目的对语言形式或语言使用具备决定性的作用。这是从整体的视角考察语篇中语言特征的观点。语言因语境而出现不同的变体，语类是解构和理解语言的出发点，语言不能和意义分开，意义和功能是交际行为的基础。

从以上对于语类的定义可以看出，语类有较明显的结构特征，这些特征有助于读者对一系列的语篇进行组合或分类。与此同时，语篇目的和读者是语篇的两个重要变量，是作者为了通过语篇实现社会行为必须考虑的因素。它们既能影响整个语篇的形式和风格结构，也能影响语篇中句子和词汇层面的语言特征。将这个概念运用到翻译活动中，它的意义在于译者在翻译过程中始终要注意的是：语篇的目的以及为了实现这个目的而使用的特定的语言形式①。这些语言形式体现了作者在不同的语境下如何使用语言反映语境的特征。所以，对于译者而言，语篇层面上的翻译活动要体现的是：语篇是在不同的语境中为不同种类的读者而建构的，具有不同的目的。所以，译者在翻译中对语篇中文字的处理要建立在自己对语篇与交际目的间关系的理解基础之上。

二、本科生翻译教材的特点及其使用方式

根据师范生英语专业本科生的培养计划，翻译课程名称是“英汉翻译理论与实践”，计划学时为64，分别在三年级分两个学期完成。

在我们所使用的教材中，两个学期所使用的教材分别是：

三年级第一学期选用了连淑能教授主编的《英译汉教程》。其内容既包括与翻译相关的一些基本知识，如翻译的方法、标准、英汉语言对比等，也包括翻译的主要技能，如选词法、转换法、增补法、省略法、重复法、倒置法、反译法、拆译法、缩译法、被动式译法、长句译法、文化词的译法、专有名词译法等。教材侧重翻译技能的传授，教材的讲解主要以句子为单位，但在每章的结尾处都有语篇翻译的练习。

三年级第二学期所使用的教材是方梦之和毛忠明主编的《英汉汉英应用翻译综合教程》。在教学内容上，编者从实用性的视角选择了多种文体，其中包括科技翻译、商务翻译、法律翻译、新闻翻译、广告翻译、旅游翻译、政论翻译、其他翻译（简历翻译、会议开幕词翻译、可行性报告翻译、年终业绩报告翻译、菜谱翻译、公司简介翻译、公共告示翻译）、网络与翻译等。

一般来说，教材反映的是教学指导思想，是教师课堂教学活动的依据。尽管三年级第一学期所使用的教材中也有语篇翻译的练习，但三年级第一学期的教学重点依然是翻译理论，三年级第二学期的教学重点才是不同语类语篇的翻译。这意味着，语篇翻译的教学要在学生掌握了基本的翻译技巧的基础上进行，语篇翻译应该体现学生对翻译理论和技巧的掌握情况。但现实情况是：教师在三年级第二学期的授课过程中发现，学生几乎很难把已经学过的翻译技巧运用到不同语类的翻译中。比如，被动语态的翻译在三年级第一学期已经作为重点在课堂上进行了讲和练。但是，当三年级第二学期教材中出现了科技文体和法律文体时，学生对大量出现的被动语态结构显得无计可施。而且，由于长句翻译的普遍性和困难性，教师在三年级第一学期曾经花费了两个课时分析长句的特点以及翻译技巧，但是在语篇翻译时，学生似乎将翻译过程与长句的分析和转换技能分离。教师只能在遇到这

① 中国海事服务中心. 航海英语 [M]. 北京：人民交通出版社，2011.

些语言现象时重新将这些翻译技能讲一遍。在教学课时有限的情况下，学生练习的时间大打折扣，教学的效果也受到影响。

尽管教材体现了课程理念，但如果教学活动仅仅囿于教材内容，教材的引导作用就很难充分发挥出来。从内容上来看，三年级第二学期所使用的教材中涉及的实用语类远多于学生在学习生涯中已经接触到的语类数量，而且它们的语言表意资源非常丰富，包括口语、非正式、个人、书面、正式和公众式的，语言的适宜性将是他们遇到的一个较大的问题。虽然发展学生语类能力的最好方法是让学生接触多种语类，虽然这些语类缩短了学生与社会生活的差距，但对于本科阶段的学生而言，他们对自己未来的职业走向缺乏明确的目标，学习过程有一定的盲目性，再加上有些语类的翻译对于学生有较大的挑战性，如政论文体的翻译和会议开幕词的翻译，所以教师对教材的创新性使用就显得异常重要。

在教学时数有限的情况下，不和语境联系的翻译教学很难达到学习的目的。教材的编排方式让学生有机会接触大量不同的语类，语类的多样性体现的是语言的多样性，这是作者在语境意识引导下对语言选择的结果。将语言特征与语篇的语类特征结合起来，这有助于提高学生对与交际目的相关的语篇层次语言特征的认识，达到强化语类知识的目的，提升学生对不同语类中语言习惯的了解。

三、以语类理论为基础的翻译教学模式

语类视角下，翻译教学的目的是：让学生能从语篇的社会目的出发，将语篇中的语言以符合语类特征的方式转换出来。从学生当前的认知能力来判断，这个教学目的的达成需要教师将这些特点明确地教给学生。由于翻译技能的掌握离不开大量的实践，所以，课堂教学中教师教什么、怎么教、学生练什么是建立教学活动框架的基础。这将通过教学过程的三个环节去实现。三个环节包括：课前准备环节、课堂教学环节和课后巩固环节。具体操作情况如下。

（一）课前准备

课前准备的目的是知识的准备。语类是一个高度结构化和约定俗成化的交际事件。不同的语类在内容、形式、期待的读者、中介等方面都有差异。课前准备对教师和学生都有要求。就学生而言，他们在学期初根据教师布置的任务，达到知识准备和认知准备的目的。就教师而言，课程设计是课前准备的主要内容。课程设计帮助教师明确哪些翻译理论可以放到哪些语类中进行教学，如何设计教学过程，这些任务如何与教学活动联系起来等。以被动语态结构为例，由于被动语态在科技翻译和法律翻译中出现的频率较高，我们在课程设计中将被动结构的翻译方法融入这两个语类中，要求学生在课前阅读相关的语篇，去区别被动语态在这些语类中的不同表现方式。这种区别应该建立在对于语篇的内容、形式、中介等的对比基础之上，了解这些因素如何影响和限制语言的特征并实现交际的目的。这个过程为学生提供合适的源语言载体，确保他们能掌握语言新的功能形式，是帮助学生将

来参与教室活动的前提①。

（二）课堂教学

课堂教学活动内容包括两部分：教师引导和学生讨论。

在教师引导部分，一方面，教师要对教材内容进行再开发。一般来说，教材对不同语类语篇的翻译方法是教师对教材的运用不能局限在讨论文本语言的处理手段上。相反，教师要将翻译技巧中对句子层面的转换与语言的交际功能结合起来，从探讨文化语境和分析特定语类的情景入手，分析情景中的语言特点，分析语类和文化语境间的关系。在这个过程中，学生是观察者。他们在教师的帮助下观察不同语类中的语篇结构和语篇目的、作者和读者间的关系以及信息流的结合方式。通过这些分析，学生可以在语篇整体思维的角度下获得对语言结构意义的定夺。这是句子层面翻译所无法达到的目的。在这种情况下要他们同时注意到三者之间的关系也有困难。

另一方面，学生的翻译习惯是在语法和词汇学习的过程中养成的，所以对译文的衡量标准往往是表意的准确性，而学生对语言的适宜与否则缺乏应有的判断能力。语类视角下的翻译教学可以弥补这个不足。在教学中，教师让学生接触体现不同社会功能语篇中的语言变体。具体方法是，语言和语境可以分开教，一方面讨论词汇和语法的特点，另一方面把这些讨论和语篇结构结合起来。对于在这方面缺乏相应知识基础的学生而言，这些内容都是需要明确教给他们的知识。而且，对这些表意资源进行系统分析，能让学生清楚地意识到哪些表意手段能实现相关语类语篇的翻译和表意目标。课堂上的分析能使学生开始关注语言和功能间的关系，学生会知道，翻译者的作用不仅仅是对文字进行转换，更是要帮助源语作者实现交际目的、关注语言的深层交际目的、参与到社会交际活动之中的过程。从学习的视角来看，明显关注这些表义资源，有助于学习者意识到在语言系统和环境不同层面做出的选择。

课堂教学的另一个环节是组织学生进行讨论。当学生了解语类模式与反复使用的语言模式和形式间的关系之后，教师要适当给学生机会去分析语类示例，让学生参与到揭示语类特征的过程中。讨论的重点是特定语类的语境中相关的作者和读者间的关系，是语篇中语法特征和语篇特征间的关系。分析过程能给学生一个真实的语境，有助于学生深入了解特定语境中语言的适应性，提升他们对修辞的敏感度，发展语言与语篇关系的能力。帮助学生掌握相关文本的语类特征及其相关知识，帮助学生正确掌握运用语言的能力，提高译文语言的得体性。类似的分析有助于触发学习者脑中储存的相关语言知识。

（三）课后巩固

尽管课前准备对学生掌握语类知识有一定的益处，但由于针对性不强，加之他们缺乏相应的语类知识，学生的学习效果不一定很明显。在课后巩固环节，学生不但要针对课堂讲解的内容进一步复习，对学习材料进行进一步的反思和分析，还要加强对译入语中语类

① 胡壮麟 . 语言学教程 [M]. 北京：北京大学出版社，2002.

语言的了解。具体地说，在课后巩固环节中，学生需要多接触译入语语篇的语类结构和表达习惯，比较不同语言文化的语类，以便在翻译过程中遵循译入语语类范畴的制约，以免建构出违反或打破这种约束的语篇。通过和不同语言语类的接触，学生对形成不同语类的语言更敏感，可以在翻译过程中有“作者介入”的意识，即从作者的视角去翻译语篇。

系统功能语言学视语言为社会符号资源，是实现语言使用者社会目的的手段和途径。语言使用中的选择代表了特殊的意义。将语类概念引入翻译教学中能将翻译活动与语篇的交际目的结合起来，有助于培养学生对语篇宏观结构的分析能力，提升学生对不同修辞形式间的微妙交互，提高学生翻译学习的效率，增强翻译技巧的运用能力。

第四节　项目课程模式下商务英语翻译教学改革

商务英语翻译课程，指的是高职高专类院校的英语专业的一门必修课程，属于ESP教学（专门用途英语），是结合英语的语言、文学背景、商务专业技术知识以及翻译等为一体的一种综合性课程。它与通用英语不同，是典型的职业英语，具有极强的实践性和应用性，侧重与商务相关的各种真实的、具体的学习活动，突出的是学生的英语交际运用能力。该课程的学习目的是为了让学生在以后的工作岗位上，面临一些基本口译和笔译的问题，以及专业翻译的问题的时候能够自己解决，为今后的工作奠定良好的专业基础。

当今社会日新月异、飞速发展，社会需要的是多方位的人才，是多层次的人才，商务英语翻译是沟通中外经济和文化交流的重要手段。项目教学法通过转变传统的师生角色定位，使教师从传统的理论讲授者成为知识建构的辅助者，学生成为交际过程的实践者，这有助于推进商务英语翻译教学，促进商务英语专业的发展。因此，如何利用好项目教学法模式下的商务英语翻译教学，成为当前高职高专英语专业面临的重要问题。

一、商务英语课程教学现状

（一）教学内容单一

通过对一些高职高专应用英语专业的商务翻译教学的内容，以及课堂教学现状进行分析，可以得知，目前大部分院校所采用的教材都是理论为主导模式，所学习的内容都是翻译的标准、语法、技巧等，由于翻译人员的专业水平不够，导致翻译出来的内容与实际意义严重不符。同时，一些教材虽然说的是商务英语的教材，但是和普通翻译教材的内容却没有区别，这是由于商务英语翻译的专业性不够强，翻译的习惯都是普通的长难句以及翻译方法和翻译技巧，因此在面临具有专业性的句子的时候不能够准确定位，导致实用性能较差。

（二）针对性不突出

高职高专类院校大致可以分为口译和笔译两种类型。这两种类型都是通过对商务英语的语法、词汇、句式等进行分析，对商务英语翻译中常见的内容进行分析和翻译，如商品说明书、产品策划师、商业合同等内容。商务英语翻译的教学应当结合岗位需求，具有针对性地培养出具有优势的翻译，方能够变革原来单一的教学模式，使商务英语翻译的水平得到新的提升，促进学习内容和市场需求进一步匹配，提高商务英语专业人员的市场竞争力。

二、项目课程模式下商务英语翻译优势分析

以项目教学为载体对商务翻译课程教学模式进行改革具有重要的现实意义。一方面，项目教学法指导下的商务英语翻译教学使学习内容更符合真实岗位需求，项目评价由学生自评、小组互评和教师综合评价构成，包括技能实践性考核、平时形成性考核和期末终结性考核，有利于构建更加科学客观的多元动态考评体系，有助于培养学生多种职业能力，提升就业率，满足复合型商务人才的行业发展需要。另一方面，商务英语专业双师型师资匮乏是阻碍教学的主要因素之一。项目教学法通过转变传统的师生角色定位，使教师从传统的理论讲授者成为知识建构的辅助者，学生成为交际过程的实践者，这有助于推进商务英语翻译教学，促进商务英语专业的良性发展。

（一）项目课程模式下商务英语翻译教学模式的特征

1. 在教学内容上

“项目课程严格按照工作结构来对项目及其之间的逻辑关系和课程体系做整体规划，理论知识不再是抽象空洞的东西，实践教学也不再是单纯的技能训练，而是理论支持下的职业实践活动。”同时，项目课程的内容大都是来源于企业的任务，是企业学习先进的外国经验或者先进的理论内容的桥梁，涉及的内容专业性较强，也具有很强的现实意义。学生能够通过这种类型的工作有效地了解到所从事的行业的发展动态，解决理论和实际脱节的问题。

2. 在教学方式上

项目课程大都采用的是小组工作的教学方式，而不是原有的教师主导型的教学模式，在活动的过程当中，学生成为教学内容的主导者，能够有效地激发学生学习的积极主动性。因此，能够促进学生的学习效率，帮助学生树立自身的责任以及协作精神，体验到成长和进步，促进学生积极主动地去探索和学习，真正成为学习的主人。

（二）项目课程模式下商务英语翻译教学模式

1. 教学背景

项目课程教学采用情境教学法，让学生自己进行选择分组，共同合作组建一个翻译公司，每一个翻译公司都有自己的名称和 logo，每一个翻译人员也有自己的名片，进行模拟

工作。

2. 教学步骤

首先，提出任务。在项目验收之后，向学生发布下一个阶段需要完成的任务，“商务合同书”的翻译，并且让每一个翻译公司都做好准备，通过借助互联网以及多媒体等资源，提供有价值的信息进行共享，从而对商务英语合同书进行更准确的翻译。通过横向比较，找出语言以及词句构造的特点；通过纵向比较，找出合同的要点以及具体思路。

其次，让每一个工作室都浏览自身的任务，并总结心得体会，找出适用于翻译的通用技巧和准则，使翻译水平得到有效提升。

再次，对任务进行具体分工，让每一个小公司都翻译商务合同书，教师给予指导，然后全班评价出翻译最准确的公司。然后进行互相学习，弥补翻译当中的不足之处。

最后，通过班级评选出最优秀的团队，进行课堂展示以及鼓励，能够有效提高学生的学习积极兴趣，也能促进学生更好地融入工作环境当中。

通过这种课堂模拟教学活动，能够有效地提高学生独立解决问题的能力，锻炼学生的团队协作能力，有效地提高学生的学习主动性，促进学生有方向的学习，使学生认识到自身的不足，从而提高学生的学习效率，提升学生的学习能力，为今后的就业打下坚实的基础[①]。

三、项目课程模式下的商务英语翻译教学改革措施

（一）教学内容的改革

项目课程的背景下，商务英语翻译教学内容的设计和原有的教学模式大都不同，教学内容重点突出对于学生职业技能的训练，同时也满足对于职业教育和理论学习的需求，融合国家和社会承认的多项资格证书进行课程设置，提高对学生的专业技能的把握，从而有力地克服翻译教学当中理论和实践脱节的缺点。

（二）教学方式的改革

项目教学法采用多种教学模式相互结合，促进教学取得更好的效果。同时，在教学过程当中，可以通过学校和企业之间的合作，构建起学生与社会之间的平台，充分拓宽学生学习的时间和地点，给学生提供良好而又丰富的实践机会，这样能够使学生和社会之间很好地接轨，培养社会需要的人才，为学生的就业提供稳定的就业渠道，提高学生的就业能力。

（三）转变师生角色

项目教学的大环境下，从原来的以教师为中心的教学模式，转变成以学生为中心的教学模式。学生是教学活动的主体，这样才能充分调动学生积极主动地学习，挖掘学生的潜力，让学生做好充分参与课堂学习的准备，师生之间建立起良好的互动学习模式，同时有利于构建良好的师生关系，促进教学质量得以有效提高。

① 桂诗春．应用语言学 [M]. 长沙：湖南教育出版社，1988.

（四）考核方式的改革

传统的商务英语翻译课程的考核仅仅依靠一张试卷评定，这种考核方式让很多学生忽略了商务英语翻译的真正意义，项目课程模式下的英语翻译教学考试模式摒弃原来的只管考试成绩定下的模式，转变成为课内外相互结合、小组和个人之间、笔试与课堂表现、自我评价和他人评价相互结合的考评方式。英语教师要结合实际情况对学生掌握翻译知识的程度进行考核，比如加入更多的实际应用知识和口译考试等。

（五）模拟职业岗位

通过模拟职业岗位真实情景来设计与教学内容相符的各项项目内容，把教学演变为业务训练，运用英语交际技能完成各项设定的商务翻译业务项目。这种情景导向的项目教学能有效地使英语语言技能同商务专业知识有机地融为一体。教师不再对教材内容进行线性讲解，而是把教学内容和教学目标巧妙地隐含在一个个项目任务之中，使学生通过任务驱动、问题解决来领会知识的内涵和应用，通过学习者自己的实践进行知识建构与技巧训练，将理论知识和实践技能紧密相连。

总之，项目教学法在商务英语教学中具有较强的操作性，在培养复合型商务翻译人才方面具有广阔的应用前景。高校需要关注市场发展动态，以市场需求为导向，以项目教学为载体改革传统的教学模式，以尽快弥补未来就业市场对商务翻译人才需求的巨大缺口，避免人才培养与市场需求脱节。

第五节　模因论对汉英翻译教学模式

“模因”（meme）这一概念源于社会生物学，由新达尔文主义倡导者理查德·道金斯首先提出。“模因是一种新的复制工具，是文化传播单位，是模仿的单位。”翻译模因论从一个新的角度揭示了语言发展与演变的规律，对翻译规范和策略进行了描述性研究，为高校汉英翻译教学提供了一种新的研究思路。在模因论为指导下的汉英翻译教学模式改革，可以增进学习者的语言知识，削弱母语产生的负迁移，更可以激发学习者的学习兴趣，减轻学习焦虑。

一、模因论与翻译

切斯特曼首次提出了翻译模因的概念，他把有关翻译的概念或观点以及翻译理论统称为翻译模因，这其中包括翻译的理论概念、规范、策略和价值观念等，也为翻译教学提供了一种新的研究思路。

二、模因论与翻译教学

（一）对传统汉英翻译教学模式的反思

翻译能力的培养历来受到高度重视，从某种意义上来说，翻译也是检验英语专业的学生英语综合运用能力的试金石，应给予翻译教学模式更多的关注和思考[①]。

一直以来，高校英语专业翻译教学，尤其是汉英翻译教学，仍然沿用传统教学模式，即教师重视讲授翻译理念和技巧，如语境的概念、译者风格等，轻视翻译实践；在有限的实践中，又因教师本身缺乏足够的实践等原因，一般仅依照参考译文主要评价学生译文的错译、漏译，而不能在选词、构句、衔接和连贯、文体等层面给出有说服力的深入剖析。这种从外部简单生硬地对学生实施知识的"填灌"与"一刀切"的评价，忽视了学生兴趣的培养，压制了其主动性的发挥，阻碍了其自信心的形成与成就感的积累。

模因论教学模式仅对翻译知识体系的构建方面优势较为明显，而对于《高校英语专业英语教学大纲》中对学生汉英翻译能力（八级要求）"将我国报纸、杂志上的文章和一般文学作品译成英语，速度为每小时 250 ~ 300 个英文单词，译文要求忠于原意，语言流畅"有一定距离；对照《高等学校翻译专业本科教学要求》中所规定的"要求参加由国家人力资源和社会保障部主办的'全国翻译专业资格（水平）考试'中的三级笔译考试"合格标准更是相差甚远。

翻译模因论从一个新的角度揭示了语言发展与演变的规律，对翻译规范和策略进行了描述性研究，为高校汉英翻译教学提供了一种新的研究思路。在其指导下，过去一些丢弃的、被认为不可取的传统教学方法也理应重新做出评价。翻译教学若能遵循模因传播规律，并根据模因传播特点去优化整个教学过程，课堂教学效果将会大大提高。

（二）翻译模因传播机制

根据模因论，可以把汉英翻译看作中国文化的模因通过语言向英语国家传播的过程。首先，原作品是一个模因综合体的载体，在特定的文化背景下承载着作者的思想。译者用新的语言（英语）对源语（汉语）模因进行编码，用新的载体传播模因。因此，理想的汉英翻译是：模因的新载体（英语译文）能使英语读者通过转换过的语言，成功解码这些模因，使源语模因由此得到传播。模因传播最重要的过程便是读者解码和受影响阶段。如果译者编码模因的新载体，即英语译文不能被读者接受，模因也就会因无法影响新读者，从而中断传播继而消亡。

汉英翻译教学中，学生暴露在大量纯正、地道的英美人士作品影响下，在翻译过程中自然以归化策略为主，不自觉地会借用、模仿所记忆的词或句型。教师应该因势利导，在学生对汉语源语信息模因编码——目的是形成模因传播新载体（英语译文），影响英语读者——这一重要阶段主动加大干预力度，让新载体具备更良好的可接受性，从而成功影响

① 陈俊森，樊葳葳，钟华．跨文化交际语外语教育 [M]. 武汉：华中科技大学出版社，2006.

读者，实现模因的传播与生存。这一点在文学翻译领域体现得更为显著。而干预方式主要是教师通过提供更丰富、更鲜活的，由母语为英语的人士书写或翻译的素材来实现的。学生对素材的理解不是最终目的，而是通过仿写、有目的的记忆或背诵来实现更新传播载体外壳，提高新载体传播能力的目的。

语言模因的传播与复制主要有基因型（内容相同形式各异）和表现型（形式相同内容各异）两种方式。基因型模因的传播方式是直接传递相同的信息。表现型模因的传播方式是用相同或近似的形式来表达不同的内容。在汉英翻译的课堂教学中，采取模因论指导下的各种教学手段，包括背诵、仿写、课外阅读以及自我修改和评价等。

三、模因论在汉英翻译教学中的应用

在具体操作环节，老师在学期初即布置了大卫·霍克斯英译《红楼梦》（*The Story of the Stone*）中英文对照版前十回供学生阅读。目的是让学生接触到原汁原味、纯正地道的英语译文，悉心体会公认经典译作的翻译策略。要求学生必须对照汉语细读译文，标注出译文中的精彩之处，可以是词、句，甚至是句群或段落，并尽可能利用词典、网络等资源确定、熟悉用法，誊抄在笔记上并争取能够背诵或仿写，期末计入平时成绩。

在讲授汉英文学翻译阶段，选取了“2013 中国当代优秀作品国际翻译大赛”推荐的 30 篇中国当代优秀短篇小说之一的苏童的《人民的鱼》其中的若干段落作为原文，让学生分组讨论、翻译并详细记录整个过程。需要指出的是，老师在译前并没有提示在翻译过程中应该参考霍克斯译《红楼梦》的译文，但结果显示，在每组提交的记录中，几乎都有提及个别措辞、句型、翻译策略受益于之前的积累。且课上学生对每一组译文的反馈评价均能从文体、风格、选词造句等方面深入评价，收效相当明显[①]。

以下例子中，第一组为选取的《人民的鱼》学生译文，第二组为《红楼梦》大卫·霍克斯译文。画线部分为学生仿写借鉴之处。

例 1

柳月芳急着把盆腾空，决定把鱼头改送张慧琴，……

Yuefang decided to make a virtue of necessity by giving them to Huiqin instead in the hope of emptying the footbath right away.

老爷何不顺水行舟做个人情，将此案了结，日后也好去见贾王二公？（《红楼梦》第四回）

Why not make a virtue of necessity by doing them a favour which will stand you in good stead next time you see them ?

例 2

邻居们清楚她说得有点夸张，但基本上是符合事实的。

① 冯艳妮．职业教育项目课程中项目活动设计研究 [D]. 上海：华东师范大学，2010.

Her account might at first seem to border on the absurd for the neighbors but basically suited the cir-cumstances.

说来虽近荒唐，细玩颇有趣味。(《红楼梦》第一回)

Though the answer to this question may at first seem to border on the absurd，reflection will show that there is a good deal more in it than meets the eye.

例 3

居林生当时正在剔牙，年龄不饶人，他现在吃一点东西就得剔剔牙，……

Those years showed no mercy，leaving him with little resistance to any discomfortcaused by bits of food stuck between his teeth，so chopsticks were followed by toothpicks without fail.

士隐知道了，心中未免悔恨，再兼上年惊唬，急愤怨痛，暮年之人，那禁得贫病交攻，竟渐渐地露出了那下世的光景来。(《红楼梦》第一回)

The anxieties and injustices which now beset him，coming on top of the shocks he had suffered a year or two previously，left a man of his years with little resistance to the joint onslaught of poverty and ill-health，and gradually he began to betray the unmistakable symptoms of a decline.

例 4

她眼睛发亮，站在那里敲年糕，摊主不干了，……

Reckless in her hour of excitement，Huiqin，whose eyes lit up，kept knocking，unmindful of the stand owner who came to snatch the rice cake from her hand unhappily.

论长道短，那时只顾得乱说，却不防还有别人。谁知早又触怒了一个人。(《红楼梦》第九回)

Reckless in his hour of triumph，he made these wild allegations，unmindful of who might hear them.But one heroic soul was moved to mighty anger by his wanton words.

例 5

本地人将鱼作为最吉祥最时髦的礼物，送来送去，……

Considered as the most auspicious and the most popular gift by local folk，fish were relayed from hand to hand.

当下轰动街坊，众人当作一件新闻传说。封氏闻知此信，哭个死去活来。(《红楼梦》第一回)

This event made a great uproar in the little town，and news of it was relayed from gossip to gossip until it reached the ears of Mrs Zhen，who cried herself into fits when she heard it.

在学生展示并介绍各组译文的时候，无一例外地提到在个人翻译环节或是讨论定稿环节都会受到之前《红楼梦》前十回阅读、仿写、背诵的过程中的启发，印象较为深刻的学生甚至能描述出原文语境或背诵该译文段落。

在过去，背诵和模仿是在英语教学中常用的方法。随着新型方法包括结果定性教学法、过程定向教学法和体裁教学法等的普及，背诵和模仿作为传统的教学方法，逐渐被否定和抛弃。然而，传统教学方法的核心是模仿，这也是模因论的核心。在模因论的指导下，我们应该恢复和提倡背诵和模仿这种传统的教学模式。其优势主要体现在以下几个方面：

（一）增进语言知识

语言模因的背诵和模仿对增进语言知识，尤其是隐性知识，作用明显。根据比亚韦斯托克的理论，不同于显性知识——知识学习者能够意识到并能清晰地表达出来，包括语音、词汇和语法等等，所谓隐性知识是指语言知识已经被学习者内化并且储存在非意识层面内，即便学习者无法明确运用这类知识进行表达，却潜意识地运用。我们通常认为，语感这一语言文字分析、理解、体会、吸收全过程高度浓缩的经验色彩浓重的概念，实际上就是隐性知识的无意识运用。背诵的语言模因作为语言输入，能积累隐性知识从而增加语感。

（二）削弱母语产生的负迁移

母语产生的负迁移对于汉英翻译学习者来说是不可避免的。语言模因的背诵和模仿，是有意识的语言输入过程，因此可以监控和调整语言输出。从这个方面来说，它能够帮助减少母语带来的负面影响。语言模因的背诵和模仿会增加地道、纯正的语言输入，帮助学习者准确、灵活地措辞、构句，为汉英翻译打下坚实地基础。

（三）激发学习兴趣，减轻学习焦虑

学习者可以很容易地借用经过认真筛选的背诵或模仿素材中的词组及结构，到自己的汉英翻译实践中。学生的译文忠实性进一步增强，语言适切性获得提升，这种成就感和满足感有助于降低学生的学习焦虑感，激发学习热情，激励学生不断尝试各种丰富的语言现象，进入良性循环轨道。

从本节所选取的五个较为典型的学生译文与霍克斯译原文的对比中可以看出，学生在套用新习得的句型、表达方式乃至篇章结构进行汉英文学翻译时，并不存在百分之百的原样“克隆”，而是在细心揣摩原文语境的基础上，有保留、有选择性、有变异性地借鉴。这种在跨语言、跨文化的翻译过程中，结合语境并借鉴母语为目的语读者习惯方式的表现型模因传播方式才更可贵，也更应该鼓励和不断向前推进。

在此后的教改实践中，教师应着重做好以下几点：首先，介绍模因传播特点与汉英翻译实践能力提高的联系，提高目的性；其次，精心选择译文语言纯正、地道，英语语言现象丰富，适于模仿和背诵的材料，提高有效性；再次，鼓励学生自主选取、仿写和背诵适合自己的材料，提升主动性；最后，加强反馈，对于学生恰当地借鉴材料中的措辞或构句等语言现象，应给予及时表扬，提升学生自信。对于不当使用的情况，也应及时指出，并辅以较为透彻的讲解，避免学生的再次误用。

汉英翻译过程实际上也是一个模因复制与传播的过程①。语言的输入过程伴随着模因的同化和记忆，而语言的输出过程则是语言学习者将内化在头脑中的模因通过模因基因型和

① 王令申．英汉翻译技巧 [M]. 上海：上海交通大学出版社，1998.

表现型两种方式表达出来的过程，即“语言输入——模因基因型、表现型传播——语言输出”。由此可见，语言输入是第一性的，是输出的基础。没有足够的、地道的语言材料的输入，或输入的语言材料未被学习者理解和吸收，那么模因传播过程就会中止，语言输出也就无从实现。相应地，只重视输入而忽略输出的语言学习，就等于放弃了语言模因的作用，学习只能是半途而废。因此，汉英翻译教学中必须把语言的输入与输出过程有机结合起来，唯此，才能保证语言模因顺利通过同化、记忆、表达、传输四个阶段而得以成功复制，才能较为理想地进行汉英翻译实践。基于以上分析，我们相信模因论的理论模型完全适用于，并且应该应用于汉英翻译教学实践。高校英语及翻译专业汉英翻译课程的中心任务是提高学生的翻译实践能力，教改实验的结果打破了原有的思维定式，为教师拓宽了教学思路、丰富了教学方法，为实现课程的中心任务提供了一种可操作性强、效果较为明显的新方法。同时也对教师在教学设计等方面提出了更高要求。随着教改实验的进一步深入推进，各环节的不断完善，模因论对汉英翻译教学模式改革的价值也将进一步体现出来。

第六节　体裁视角下的 MTI 翻译工作坊教学模式

体裁理论是现代语言学中语篇分析与语言教学的研究重点。翻译工作坊是 MTI 的一种新型的翻译教学模式，学生可以通过大量的翻译实践来积累翻译经验和提高翻译能力。体裁理论中的“体裁分析”被应用到 MTI 翻译工作坊教学模式中原文的篇章分析上，让学生对整个语篇有了一个更深入、透彻的理解。

为了适应我国改革开放和社会主义现代化建设的需要，国务院学位委员会于 2007 年 1 月批准设立翻译硕士专业学位（Master of Translation and Interpreting，简称 MTI），目的是培养应用型的、专门型的高级翻译人才。MTI 采用以实践和应用为主的教育培养模式，而翻译工作坊是集教学、研究和实践为一体的新型教学模式。以下内容将用体裁理论对 MTI 翻译工作坊这种教学模式进行探讨。

一、体裁理论

体裁一词最初是指文学和艺术作品的种类和样式，后被引入语言学领域。不同学派的语言学家对体裁这个概念有着不同的界定。Swalesian School 的代表人物美国密歇根大学的语言学家 John M.Swales 认为，体裁是“具有共同交际目的的一组交际事件”。交际事件是在特定的生活环境中按照特定的目的和程序运用语言进行交际的实例。这一学派的另一人新加坡国立大学的 Vijay K.Bhatia 则将体裁定义为一种可辨认的、内部结构鲜明的、高度约定俗成的交际事件。而 Australian School 的澳大利亚悉尼大学的语言学教授 Jim R.Martin 则把体裁看作“一种有步骤的、以交际目的为导向的社会交往过程”。从这些定义中我们可以看出，两个学派都认为交际目的决定了体裁的存在，体裁是语言使用者需要共同遵守的社会交往工具，不能随意更改其基本原则。体裁具有常规性、制约性、重复性和习惯性等特性。体裁分析既包括文体分析又包括语篇分析，旨在研究语言的使用策略和语篇的交际目的之间的关系。文体分析是从语音、词汇、语法等角度分析语篇的内部结构，而忽略了形成语篇的语境；在进行语篇分析时，如果只重视语篇的内部衔接或句际关系，就会忽视体裁的交际目的和社会功能。而体裁分析并不仅仅用语言学的方法分析语篇的语言特点，还用社会学和心理学的方法来探讨语篇结构的规范性和语篇结构背后的社会文化因素和心理认知因素。

二、MTI 翻译工作坊教学模式

翻译工作坊“就是一群从事翻译活动的人们聚集在一起，并就某项具体翻译任务进行见仁见智的广泛而热烈的讨论，并通过不断协商，最终议定出该群体所有成员均可接受或认同的译文的一种活动”。（李明，仲伟合，2010）

自从 20 世纪 60 年代以来，翻译工作坊这种教学模式就已经被一些美国的大学所使用，并成了一种实践型的翻译教学方法。在翻译工作坊的课堂上，在模拟的翻译工作环境中，学生为主体，教师只充当引导者、组织者、评判者的角色。学生被按 3 ～ 5 人分为一个小组，在组内按照分工先独立翻译再与其他同学合作商讨解决翻译过程中所遇到的问题，最终共同完成翻译任务[①]。MTI 是注重实践和应用的翻译培养模式，翻译工作坊可以在为期两年的学习过程中对学生进行大量的翻译训练，从而提高学生的翻译能力。具体方法如下：

（1）翻译前：在这个阶段，教师要为学生讲解翻译的基本原则和标准以及翻译方法和技巧，重点应放在翻译技巧上，让学生对翻译中将要使用的方法和技巧了如指掌，以便用起来得心应手。

（2）翻译中：教师根据学生的能力水平选取适合的文本发放给学生进行练习。教师应要求学生通读全文两遍，以便对原文有一个透彻的了解。为了帮助学生掌握重要的知识和信息，教师应在学生阅读后提出一些启发性的问题，以便学生加深对文章的理解。接着，教师将学生按 3 ～ 5 人分成若干个小组，指导他们进行文本分析，这可以帮助学生充分理解原文。另外，学生还可以分组对阅读中遇到的语言和文化方面的问题进行讨论。在此之后，教师要求学生在规定的时间内独立完成翻译任务。这时，教师不要干扰学生的翻译活动，只充当一个引导者和组织者即可，可以对学生所提出的问题进行适当的解释。

（3）翻译后：在这个阶段，首先是同桌之间的互相批改，译得好的地方相互学习借鉴，发现问题彼此研讨共同解决，不能解决的问题留给小组或班级讨论。接着就进入了小组评估。每组评出本组的最佳译文，由本人在全班进行朗读，其他同学指出优缺点，共同讨论解决所存在的问题，扬长避短。在这个阶段，教师应充当引导者和评判者的角色，对学生的讨论和评估活动进行必要的、及时的指导和评判，引导学生总结翻译的经验，为今后的

① 陈文伯 . 英语成语与汉语成语 [M]. 北京：外语教学与研究出版社，1982.

翻译学习和任务打下基础、做好准备。

另外，翻译工作坊这种新型的教学模式不应该只应用到课堂内，必须延伸到课堂之外，以便增加教师与学生和学生与学生之间的互动。可以设立一个公共信箱、QQ群或微信群，把每次的翻译作业发到信箱内、QQ群或微信群内，每组、每个学生都能看到彼此的译文，批改评估后的最佳译文也可以发到信箱内、QQ群或微信群内，学生之间可以相互学习和参考。公共信箱、QQ群或微信群为学生提供了一个自主学习和自由讨论的平台，学生可以发表个人的意见和观点，相互切磋、相互学习，并随时可以向教师进行咨询。这种方式可以进一步激发学生的学习兴趣，增加学生的参与意识，对学生的翻译理论的学习、翻译经验的积累、翻译能力的提高是大有益处的。

三、体裁视角下的MTI翻译工作坊教学模式

体裁理论在MTI翻译工作坊教学模式中主要体现为对语篇的体裁分析上。MTI的教学非常注重实践，教师需要在教学中选取大量的翻译资料供学生在课上和课后进行翻译实践和练习。翻译是两种语言的交际活动。教师为学生选取适合的翻译文本，学生拿到文本后，首先要仔细阅读，对原文本的体裁类型进行判断；然后再根据原文本的体裁类型找寻与其相对应的平行文本。平行文本，原指并排放在一起可以逐句对照阅读的原文及其译文。有狭义的平行文本和广义的平行文本之分，前者指的是与原文内容相关的译入语参考资料；后者除了包括与原文内容相关的译入语参考资料，还包括与原文内容相似的译出语参考资料。简而言之，平行文本就是与原文内容接近的任何参考资料。平行文本可以帮助学生获取专业知识、学习专业术语、借鉴表达方法和模仿写作风格，帮助学生解决翻译时遇到的问题。学生找到平行文本后，要对原文本和平行文本进行体裁分析，它是翻译过程中的一个重要步骤。每一种语篇都是一个特定的交际事件，都具有特定的交际目的和特定的针对对象，因此在结构、风格和社会功能等方面都具有特定的体裁特征，为对语篇有一个透彻深入的了解就要对其进行体裁分析。体裁分析是用来研究语篇的交际目的和语言的使用策略的。体裁分析要从微观和宏观两个方面进行。在微观方面，主要用语言学的方法对语篇进行语言层面的分析，从词汇、语法和语篇的内部结构进行分析，对语篇中词汇的选择与使用、语法成分的选择及其修辞功能、句与句和段与段之间的衔接进行分析，主要分析的是语篇的表层特征。而在宏观方面，主要是用社会学和心理学的方法对语篇产生的背景进行探究。通过分析影响语篇产生的社会情景来探寻语篇结构背后的社会文化因素和心理认知因素，从而了解语篇为实现特定的交际目的而采用的特殊方式，这有利于对语篇的深层含义的理解，为进一步的翻译奠定扎实的基础。

体裁理论作为现代语言学中语篇分析与语言教学的研究重点，近30年来，越来越受到各领域和各学科的关注。20世纪80年代末，北京大学英语系的胡壮麟教授等学者把系统功能语法引入我国，使得外语教学研究领域开始对“体裁”这个概念有了初步的认

识。到了90年代末，华南理工大学外国语学院的秦秀白教授、清华大学国际系统功能语言学学会副主席方琰教授等学者介绍了“体裁理论”之后，这一领域才引起了学者们的广泛重视。翻译工作坊是由两个或两个以上的译者集中在一起进行翻译活动，把这种模式应用到MTI的翻译课堂中就形成了一种新型的翻译教学模式，让学生通过这种方式大量地进行翻译练习和实践，积累翻译经验，把所学的翻译理论、原则、方法和技巧应用到翻译实践当中，不断提高翻译能力。体裁理论中的“体裁分析”被应用到MTI翻译工作坊教学模式中原文的篇章分析上，让学生通过对语篇的词汇、语法、句法、背景知识的探究，从而对整个篇章有了一个由浅入深的了解，扫除了语篇理解上的障碍，大大地提高了翻译的效率和质量。

第七节　基于体验哲学的“和谐翻译”教学模式

应用英语翻译课程在教学实践中遇到了部分疑难杂症，如双语文化缺省、隐喻思维欠缺等问题。本节以此为探讨对象，从体验哲学的视角思考翻译教与学，强调体验哲学语言观，深入挖掘“体验性”在翻译中的认知作用，凸显隐喻思维的重要性，同时阐释其在应用英语翻译教学中的重点性理解及应用，继而能够丰富教学手段，拓宽翻译思维，树立课堂教学的创新型理念，顺利构建“和谐翻译”的教学模式。

高等职业教育的推进为社会经济的发展提供了人才动力和技术源头。其中，应用英语翻译作为高职英语教学中的重要一环，有助于学生了解不同文化背景知识和提高自身人文素养，有益于拓展高职教育的职业视野与行业交流。然而，现今高职院校英语翻译教学中普遍存在一些疑难杂症，如学生对英语翻译的机械认识、对待翻译课堂的消极态度，以及教师在课堂中的主体性缺失等。这些问题使得应用英语翻译课程在以教师为主导的教学层面和以学生为主体的学习层面遇到了双重阻力，严重影响了高职英语教育的均衡发展，一定程度上蒙蔽了行业的国际性交流。本节基于体验哲学语言观，以高职院校应用英语翻译为例，探索翻译教学中各主体的认知体验性，充分发挥教师及学生的主体性作用，真正做到以学生为中心，师生共建“和谐翻译课堂”，而“和谐翻译”的实现则是翻译教学模式探讨的最终目的和落脚点①。

一、高职应用英语翻译的课程特点

教育部高教司组织制定并颁布《高职高专教育英语课程教学基本要求》(2000)，明确提出了“以实用为主，应用为目的”的教学目标。有效地进行涉外交际成为高职英语教学的首要目标和最终目的。而应用英语翻译凭借其天然的语言交际性和语言实用性使该课程成为高职英语教学的典范代表和最佳实验田。笔者在自身教学经验基础上试总结该课程的

① 於奇.世界习语文化研究[M].郑州：大象出版社，2003.

特点。

首先，该课程突出一定的英汉双语文化基础。尤其在教学中，教师往往会遇到学生因为存在双语文化缺失或思维异质而导致翻译失败的情况。究其原因，主要是因为译者在进行两种语言的传译时没有充分了解其语言背后所潜藏的文化背景，因而有必要从体验哲学的角度探讨语言翻译教学中的文化习得与传译。

其次，该课程学习需要具备一定的隐喻思维能力。应用英语翻译门类清晰，针对性较强，需要学生能够触类旁通、举一反三。而隐喻思维恰恰提供了学生这样的能力。因而在教学中，培养学生的隐喻思维能力能够有效地拓展学生的思维，让学生在跨域投射中习得翻译要领。

二、体验哲学在高职应用英语翻译中的体现

对事物进行抽象的哲学解释总是先于自然科学的具体解释，这是中西方人们认识所达成的共识。哲学为人类研究世界事物提供了各种方法论，是人类认识世界的基本研究范式。因而，对高职应用英语翻译的教学探讨亦可从哲学的角度入手。本节结合上述课程特点，以体验哲学为楔子，思考翻译课堂教学，无疑是综合性研究之源、理论化构建之本。

（一）体验哲学的语言翻译观

Lakoff（1987）和 Johnson（1987）将经验主义和唯理主义（西方哲学认识论研究的两种不同形式）在语言研究中的基本观点归结为“客观主义”，并反对性地提出了“非客观主义”，即“体验哲学”。L&J（1999）将体验哲学的内涵细化为三条基本原则，即心智的体验性、认知的无意识性和思维的隐喻性。鉴于高职应用英语翻译的课程特点及篇幅所限，本节主要论述心智的体验性、思维的隐喻性在语言翻译层面的体现。

1. 语言翻译的体验观

范畴、概念、推理和心智并不是外部现实客观的、镜像的反映，也不是先天就有的，而是人们在对客观外界感知和体验的基础上通过认知加工而形成的。语言也是一种实践的、既为别人存在并仅仅因此也为我自己存在的、现实的意识。可见，语言具有体验性。当人们置身于客观现实世界，个体心智不同，外界环境不同，故人们头脑中形成的意象图式亦不同，当人们试图用语言将自身的认知思维进行“凝固”时，语言也就会因人而异，对同一事物也会有多种不同的表达。比如，“月亮”这一意象，中文表达有二三十种，英文表达也有许多，这说明具有不同思维的民族对同一客观现实的不同体验会导致其语言的差异。

因而，体验哲学认为，关于语言的认知、范畴、概念、意义、推理和理解等都是源于人类对享有的基本相同的现实客观世界的感知和经验，翻译作为一种认知活动，首先具备体验性。具体而言，作者基于自身对客观外界的体验，获得认知（或创作灵感），借助语言进行创作。译者和读者因为与作者享有基本相同的客观世界，因此具备大致相通的思维，

二者也通过体验客观外界，对文本做体验性的释读，才能真正了解作者，与作者“对话”。换言之，如果作者、译者兼读者不能共享一个客观外界，即二者有其一不能对事物有共同的体验，那么整个翻译过程的体验性就不完整，翻译活动势必要遭受损失。

2. 语言翻译的隐喻性

体验哲学注重“人”或“主体”在人类认知过程中的重要性，反对绝对的客观主义和主观主义，辩证地看待主客体间的互动性。隐喻提供了将主观经验领域用感知运动领域的约定性心理意象来描绘的途径，即从始源域将推理类型映射到目的域。作为思维物质外壳的语言具有隐喻性，思维也就不可避免地打上了隐喻色彩。翻译作为连接不同语言或同一语言不同变体的桥梁，隐喻在其间更是起到了穿针引线的作用。因而，人作为日常生活的主体在翻译活动中也通过隐喻手段构建翻译桥梁。翻译主体的思维具有隐喻性，主体间性则是不同隐喻思维的碰撞、融合与能动性转换。因此，主体间性的隐喻性决定了在翻译中，翻译主体（尤其是译者）要额外关注源语的隐喻文化，主观能动地将之处理为顺应目的语文化的恰当表达。当然，这一处理过程就体现为主体间性的隐喻性。

简而言之，语言主要是人们在对现实世界感知体验的基础上通过认知加工而逐步形成的，是主客观互动的结果。其中，体验是基础，是认知环节连接现实和语言的主要实现方式。当然，翻译活动是通过语言这一物质外壳进行的思想转渡和文化移植，着落于语言转换的翻译也就不可避免地打上了体验的烙印。隐喻思维无处不在，同样体现在翻译主体上。因此，成功实现主体间性的隐喻性转换也是从思想层面践行翻译实践活动。

（二）体验翻译观在课堂教学中的体现

应用英语翻译的课程特点主要体现在实践操作层面，其内容涵盖面广、多样化突出且应用性强，集中体现了高职教育的特色和侧重点。体验哲学的语言翻译观在应用英语翻译教学中的应用主要体现在以下几个方面：

1. 注重课堂中“体验”思想输入

体验哲学主张“语言不是一个由任意符号组成的系统，其结构与人类的概念知识、身体经验以及话语的功能相关，并以它们为理据”。语言是客观现实、身体经验、人类认知和生理基础等多种因素综合的结果。因此，注重课堂中“体验”思想的输入尤为重要。首先，应用英语翻译活动的开展发生在语言层面，不同的语言观对翻译活动会产生能动性反作用。具体而言，体验哲学视域下的语言认知是一种“现实—认知—语言”的循环辩证图示。语言与人的身体经验和认知密不可分，因此，翻译参与者对现实生活的体验认识、对享有的基本相同的现实客观世界的感知和经验使翻译成为一种体验性认知活动。在具体课堂教学中，教师可引导学生对翻译文本进行体验性释解，与文本及作者进行“对话”。翻译从本质上说是一种永无休止的关于理解的对话过程。由文字符号堆砌起来的文本反映了作者的心声，译者作为连接作者和读者的中间人，其本身也是先成为一名读者，通过文本客体与作者进行“对话”，取得相互理解，获得文本意义。因而，在翻译课堂中，教师可引导学生走出纯语言翻译的“客观主义”囹圄。以客观文本为事实，鼓励学生主观能动地释解翻译，使其基于自身体验“间性”地与原作者“对话”，这种对话需要处理除时间因素外语际翻译中不同空间或文化语境所造成的理解隔阂，正确把握文本意义，不可肆意妄为、妄加揣测。这样给予了翻译主体（师生）充分的自由，促进了不同文明和文化能够相互交流，彰显“人”这一主体在翻译教学实践中不可或缺的地位，凸显出“人本主义”关怀。但正所谓“翻译就是戴着镣铐在跳舞”，在合理限定的阐释空间内寻求课堂主体与翻译文本之间的“对话”，这也是主体间性在翻译课堂教学中的体现。其次，高职教育的应用型特点旨在加强学生对某一专业领域知识的掌握。应用英语翻译的课程设置更是在此基础上分学科、分模块，系统性地归列各专业领域翻译[①]。因而，教师在翻译教学中应当注重培养学生的社会百科知识，正所谓，翻译家首先是一名“杂家”。要多注重培养学生的实践能力，加强体验式教学。如在传统语法中被认为意义相对精确固定，且具有任意色彩的法律词语，在其从一种语域进入另一语域时，翻译过程不应是封闭的、机械的文字转换镜像观，而应是各个翻译主体的间性互动、体验交流及人本关怀的文化交际论。正如 Groot 所说“将一种法律语言翻译成另一种法律语言”，而不是“将一种法律语言翻译成另一种语言”。从“语言”到“法律语言”，是从一般走向特殊，从普遍过渡到具体。这种过渡要求法律翻译主体为“适格法律人”，即具有法律背景知识且有相关行业体验。

2. 加强翻译教学中的隐喻思维处理能力

体验哲学认为隐喻是一种重要的认知现象，是人类认识世界的一种本体思维方式，是人们认知、思维、语言甚至行为的基础。人们通过隐喻来认知事物，建立新的理论，并利用隐喻来创造新词或新的意义。作为思维物质外壳的语言具有隐喻性，思维也就不可避免地打上了隐喻色彩。培养“隐喻能力”是不可忽视的一项语言教学内容，应得到广大教学人员的重视。因此，在翻译教学中注重培养隐喻思维尤为重要。

翻译不仅仅是两种语言文字之间的信息转换，更多的是其承载文化的传译，应用英语翻译也不例外。诸如“eye”，基于身体经验，其原始含义主要指人体的视觉器官，其直接的功能作用主要表现为观察并获取外界信息。换言之，“眼睛”或“视力”就是“eye”的原始域，在概念隐喻的作用下，即通过隐喻的认知手段，其原始域必然要拓展到其他目的域，因此就有了更多的引申义。

除此之外，“hand”“head”等诸多基于身体器官的词汇意义都经过隐喻获得了拓展，因此，在翻译教学中，教师要注重培养学生的隐喻认知能力，引导学生认识到在由本义到喻义的过程中，语言的隐喻思维规律所起的核心串联作用，进而指导学生遵循此规律，逐步推理联想，最终得到多个义项，达到事半功倍的效果。王寅先生也曾就隐喻能力的培养做出过详细论述，学生的“隐喻能力”已经与语言能力、交际能力并列为三大能力。

另外，隐喻思维的培养有助于引导学生触类旁通，加强学科间的体验交互式学习。高职应用英语翻译课堂教学以不同学科、模块式分类呈现，如餐饮英语翻译与科技英语翻

① 张悦．试论混合式教学模式下翻转课堂在大学英语翻译教学中的运用 [J]. 才智，2019(28)：182.

译，看似没有任何交集的两模块在隐喻思维下内在地联系在了一起，这在词汇的习得方面尤为凸显。如 apple 一词，从最初的食物“苹果”经隐喻思维后增加了手机“苹果”的意象，这有助于人们接受新事物。此类隐喻映射情况在这两类英语中普遍存在，如 desk（桌子、桌面）、menu（菜单）等。因而，借助隐喻的映射机制理据性地讲解可事半功倍的提升课堂效率。

三、构建“和谐翻译”课堂及其意义

在语言体验观指引下，体验思想始终贯彻于翻译教学主体中。可以说，认知体验是主体开展翻译教学活动的主线，而构建“和谐翻译”课堂则成为其最终落脚点。

和谐翻译观发源于中西哲学和美学传统以及文学翻译和宗教翻译实践，主要指翻译主体通过和谐思维达致文本之间、主体之间与文化之间的和谐。而以体验哲学语言观为导向进行和谐翻译教学研究，不仅是研究视角的问题，更是应用型问题。

翻译课堂教学中的主体基于体验哲学的语言观，在互动间性的基础上对文本客体进行释读，最终就是要达到翻译的交际目的，顺应语言交际这一总目标。现实客观世界为翻译解读提供了原始的体验土壤，同时被释读的翻译又服务于客观世界，对客观现实世界进一步加深了解，如此循环反复、互相和谐促进，有益于和谐交际的实现，为和谐社会服务，这就是翻译的和谐观，也是翻译课堂追求的教学理念和效果。可以说，认知性互动体验是翻译教学主体开展翻译活动的主线，而和谐则成为其最终落脚点。

以媒介英语翻译为例，其翻译的适切与否很大程度上影响了相关作品能否通过官方严格审查，进入大众视野，这里的“适切”可理解为“和谐性”。中国是传统的礼仪之邦，受译文生态环境的制约，语言伦理要尽量符合译文的生态要求，即含蓄委婉、文明得体。课堂中教师更应该以身作则，积极倡导媒介英语翻译要符合我们“礼仪之上、中庸典雅”的国风，培养学生关爱社会、热爱国家的高尚情操，在不失原意的基础上适当处理，和谐地引导翻译教学，使之适应国情需要，满足人民的精神文化需求。反之，任何低俗、邪恶、反伦理、反道德的理念都应避免，防止造成恶劣的社会影响，不利于社会健康向上、和谐发展，从而也就失去了教学的主要目的和作用。因此，“和谐性”对媒介作品顺利通过审核，加强文化交流起着至关重要的作用。

在语言体验观指引下，体验思想始终贯彻于翻译教学主体中。无论一元论还是多元论或者调和论，翻译主体作为一个整体，各个要素之间呈现平等关系，当然并非绝对意义上的平等，即“和谐翻译观”并不是“均等分配”的绝对平等主义思想。翻译教学中，教师与学生作为翻译主体，是翻译活动的一组矛盾。根据马克思主义辩证法，既然主体间性讲的一切皆主体、一切皆平等是不现实的主次不分，所以还得分清一个主次——这也是主要矛盾及矛盾主要方面的问题。而在这矛盾统一的辩证关系中，学生的主体性地位应当是矛盾的主要方面。

第八节　转型背景下对本科翻译教学模式

随着新时代的快速发展，我国对应用型人才的需求量大大增加。高校培养人才的定义是满足多样性的社会需求，我们要发挥高校专业的特点，以发展特色专业为高校转型的重中之重。其中，高校课程改革是转型发展的基础，只有改变基本的教学模式才能加快本科高校的转型。对此，我们可以从提高教师的职业道德素养、加强学生的语言基础教育、严厉把控英语翻译教材质量等方面入手，为国家培养应用型人才而努力。

2014 年 2 月 26 日，国务院总理李克强同志在国务院常务会议上部署了要加快发展现代职业教育的方略，提出要“引导一批普通本科高校向应用技术型高校转型”。据悉，国家 1200 所普通高等院校中，将有 600 多所转向职业教育，转型的大学本科院校正好占高校总数的 50%。从这次大批量的教育改革中我们可以看出职业教育是我国未来的教学新模式，将会是一次教育界的全新改革。在高校中，普通的英语教学满足不了现在经济发展的需要，只有真实应用实际技能驱动教学改革，才能做到真学真做掌握真本领。

一、如何理解普通本科高校转型

转型一般是指事物的结构、形态、性质、模式的根本性转变。高校转型是指根据时代需要，建立健全的人才培养制度，为国家、为社会提供应用型人才，同时也是高校从书面知识教学转变为职业教育的改革。从我国早期的“传播知识，立德树人”到近代“创造知识，适应发展”，再到如今“应用知识，发挥功能”，创造知识与应用知识俨然成为新时代大学的定位。由此来看发挥高校专业的特点，发展特色专业是高校转型的重中之重。按照党的十九大精神内容，要深刻领会新时代对本科高校提出的新思想新要求，把握教育历史定位，明确教育根本任务，突出职业教育特色，开启应用型高校转型提升新征程。普通本科转型不仅是为响应国家政策的号召，更是以多形式高配置来培养学生人才。本科院校的转型是为培养既有牢固的理论知识，又有专业的实践能力的本科层次的应用型人才，让学生在获得理论知识的同时，又有了实践经验。高校转型是为国家培养应用型的高素质人才；是为了让每个科目都有学习的价值，能够带来专业的技术性人才。综上，普通本科高校转型是势在必行的。

二、转型背景下对本科翻译教学模式的思考

党的十九大报告指出，要加快一流大学和一流学科建设。高校建设就要认真落实新时代高等教育的战略部署，以转型提升为发展主题，坚定办学定位，在转型上求突破、在提升上下功夫。随着本科高校转型改革的开展，我国教育模式由知识书面教学逐渐转变成实

践技能教学。中国教育由粗放式向内涵式转型，更符合现在高校为培养应用型人才的实际情况和发展需要。所以，高校转型要以内涵式发展为核心，以提升教学质量为发展道路，时刻以培养应用型人才为教学标准，注重用办学积淀凝练特色，走差异化发展道路，深化学校与地区之间的合作，推动开放办学，以信息化推进学校特色发展，以特色构筑核心竞争力。以下对本科翻译教学模式提出几点思考：

（一）存在的问题

1. 教师的职业素养不高

由于我国各地区经济发展水平有差异，因此在一些经济水平较低的地区出现师资力量不足的现象，而且有些教师的职业素养不高，并不能教授学生所学课程。同时，由于教师本身的原因在课堂教学中用一贯的传统教学方式，与学生缺乏互动交流，不能及时掌握学生在课堂上存在的问题①。

2. 学生语言基础薄弱

学生语言基础薄弱也是影响翻译教学开展效果的重要因素，学生所掌握的词汇以及汉语的表达能力不足并不能很好地对所学英语进行翻译。同时，学生对英语并不是很重视，认为该课程是可有可无的。

3. 市场流通有关翻译的二手教材很多

市场上出售的英语翻译教材，同一本书就有很多版本，而且翻译的内容并不一致，学生各有各的理解，从而忽略了书上表达的本质含义，有关理论方面不足，翻译手段过于技巧化。

（二）改进方法

1. 提高教师的职业道德素养

首先，国家应在我国师资力量缺乏的地区进行人才供应，同时定期对教师进行培训，提高教师的职业道德素养，其次向教师宣传创新实践授课模式的新思想，改变教师传统的教学方法，使教师在上课过程中与学生加强互动与交流，让教师真正起到引导者的作用。

2. 加强学生的语言基础教育

在提高教师素养的同时也要改变学生存在的不足，在进行翻译教学前，首先应提高学生的汉语基础，这就需要加强低年级学生这方面的教育，为将来英语翻译学习打下良好的基础。

3. 国家严格把控英语翻译教材质量

在教材方面要注重质量，在翻译手段方面不能过于技巧化，既要注重理论又要和课本翻译内容相结合，表达出原文所要表达的本质含义。同时，教材不应仅仅以教师为主体，而是要体现出教师的辅助作用。

国家要想繁荣富强，就要打好坚实的基础，培养一代又一代的优秀人才，为中国的发

① 刘绽，吴银红．“互联网+”背景下高职应用型英语翻译人才培养模式探索[J].海外英语，2019(18)：246-247.

展做贡献。而人才培养是高校的根本任务，要与时俱进为国家培养应用型人才。所以，转型背景下对本科翻译教学模式必须严格按照改革要求，坚持转型方向，必须结合翻译工作的职业技能进行培养，同时也要加强教工领导班子的队伍建设，不能像传统教学一样，要注重社会工作的实际发展需要。时代在发展，社会在进步，让我们关注教育改革，紧跟高校转型大潮，为国家培养应用型人才而努力。

第七章 认知语言学与当代中国的翻译教学

外语专业教学一直是学校教育的重要组成部分，而翻译教学又是外语专业教学的重要一环，承担着促进国际交往和国内发展的重要职责。尤其是在当今，作为信息交流工具的外语越来越显示出其独特的价值和重要的地位。翻译教学在新的历史时期被赋予了特殊的历史使命，受到了教育部门和学术界的普遍关注。现今的教育改革要求翻译教学在既有的体系框架内实现新的突破，以便更好地适应现代背景条件下的新环境和新任务。

作为外语专业教学理论基础和外语专业教学法基本原理的语言学迅猛发展，呈现出日新月异的发展态势。诞生于20世纪70年代的认知语言学是语言学中的一种新范式，它包含许多不同的理论、方法及研究课题，这些理论、方法和课题都强调从人类的基本认知能力出发，通过人类在与外在现实相互作用过程中形成的概念结构来分析和解释语言结构。认知语言学借鉴了心理学、认知科学、哲学、人类学、心理语言学等学科的研究方法，具有跨学科的特点，并形成了一系列研究议题，特别是概念结构、范畴和范畴化、原型理论、意象图式及隐喻等成为近年来研究的焦点。认知语言学具有不同于形式语言学的哲学基础，后者基于客观主义认知观，认为语言符号与外部存在的客观事物直接对应，语言符号的意义与人的生理构造、身体经验以及主观认知能力毫不相干，并在语言描写中排斥语言外因素。前者基于经验主义现实论或体验哲学，认为人类的概念系统是人类身体经验的产物，人类经验之外的客观现实与语言符号之间没有直接的联系，语言意义的形成和解释需要通过人与外部世界的互动才能实现。由于与形式主义语言学哲学基础的根本差异，认知语言学采取了与其完全不同的语言描写和解释方法，它将历史、文化、社会、民族等一系列与人类世界有关的百科知识均纳入研究范围之中，并认为这些因素在一定程度上影响了语言意义的形成。

应用语言学（这里是狭义的理解，指外语教学）是一门应用型的交叉科学，它的基本特点是在学科间起中介作用，即把各种与外语专业教学有关的学科应用到外语教学中去。在这些相关学科中，认知语言学研究了语言与人的认知能力之间的关系，提出语言能力是人的认知能力的一部分，语言的习得不可能脱离人的其他认知能力而独立完成，因此，对语言的习得和理解必须结合人类一般的认知规律以及人类日常的经验和知识，这种语言观使人们从一种新的角度看待和解释语言现象，并在相当大程度上影响了外语教学的思路和理念。

刘正光提出了认知语言学指导外语教学的基本原则，从中可以窥见认知语言学应用于外语教学的现实性意义。第一个原则是“知其所以然”。认知语言学的研究目的就是为了解释语言现象，采取的以语义为中心的研究宗旨强调了语言的理据性，其研究模式就是通过结合人类经验，力图寻找语言现象背后的制约机制。莱考夫指出，有理据的东西学起来比没有理据的要容易一些，同时有理据的知识记忆与使用也比没有理据的要容易一些。威多森也指出，明确地理解语言的工作方式，将经验服从于分析的需要，适合学习者的认识风格。

第二个原则是“语言、文化和思维”三位一体的教学模式。认知语言学坚持百科知识观，即认为语言不可能脱离文化、思维独立存在。在翻译教学的初级阶段运用范畴化理论和原型理论，能够帮助学生了解语言运作的方式，认识语言范畴化的手段，由于这种认知世界的能力是各个民族所共有的，学生在对目的语进行范畴化的同时必定会与本民族语言的范畴化特点进行对比，这样他们就会从不同的角度审视目的语和母语，并从更深的层面理解这两种语言的文化差异。在高年级阶段运用概念隐喻理论，能够培养学生的隐喻意识。隐喻作为一种各民族人民普遍具有的认知能力，包含了大量的文化信息。透过目的语的隐喻可以发现目的语民族人民的思维方式，这种思维方式可能与本民族一致，也有可能不同，外语学习者“理解隐喻的过程也是逐渐扩展观察问题和思考问题的视角、促使思维逐渐理性化的过程”。

第三个原则是“整体性教学”。从语言本体的角度来讲，认知语言学从未将形式和意义割裂开来，即使在以语言形式为研究对象的认知语法中，也要将语义问题摆在首位。相应的以认知语言学为指导的外语教学强调语义原则，授课的线索是依照语言单位的意义（范畴）安排的，相同范畴内容同时呈现的做法显现出一定的优势①。尼迈尔（Niemeier）提到，新词在同一范畴内一起呈现比孤立地呈现要易记、易学得多，因为这样可以使学习者建立新的神经联系并更有效地组织知识。从语言与语言外知识关系的角度来讲，认知语言学强调知识的整体性，而且随着认知科学的发展，许多科学研究领域逐渐开始抛弃知识可以分区的看法，接受普遍联系的观点。受这种思想的指引，翻译教学从宏观层面着手，在阅读原文、教授语言知识、培养语言技能的同时，讲授相关的社会、文化、语境知识。

第一节　认知语言学及其对翻译教学的作用

一、认知语言学的基本概念

（一）学科创立

由于语言作为一种符号系统和交际手段已经分别在结构主义语言学和语用学的框架内

① 章振邦．新编英语语法教程 [M]. 上海：上海外语教育出版社，1998.

得到或开始得到全面的研究，而语言同时还是心智的产物，有很多语言专家已经意识到“在语言和客观世界之间存在一个中间层次‘认知’”。人们通过心智活动将经验到的外在现实概念化并将其编码，形成语言。一方面，通过研究认知活动，特别是利用心理学家的研究成果，语言学家可以从人类的基本认知能力出发，通过人类在与外界现实相互作用过程中形成的概念结构来分析、解释语言结构。另一方面，语言也为我们提供了通向认知的窗口。通过语言，我们可以看到人们的认知特点，探索认知能力的一般规律，从更深一层把握语言。鉴于这种将认知活动与语言相结合研究的优点，已有众多语言学家把目光投向了认知语言学体系的建立。应该说，认知语言学刚兴起十几年，还处于初创阶段，缺乏整齐划一的分析模式，也尚无一个公认的学术中心，更没有转换生成学派中乔姆斯基式的领袖人物，甚至连它的名称都还不是很固定，也就是说，认知语言学只是由一些具有共同的基本学术观点和倾向的语言学家组成的一个较松散的语言学阵营。正因为如此，它在探索范围和研究手段方面有较少束缚，具有更大的开放性。

认知语言学的诞生有两个重要标志：一是莱考夫出版了专著《女人、火和危险事物》，同年兰盖克又出版了专著《认知语法基础》，两部专著的问世为认知语言学的建立解决了一些基本的理论问题，为其今后的学科发展奠定了基础。二是德国杜伊斯堡举行的认知语言学专题讨论会。会后，出版了《认知语言学》杂志，成立了国际认知语言学会（ICLA），并出版认知语言学研究系列丛书。该学派主要代表人物有莱考夫、兰盖克和泰勒等，认知语言学派尽管人员研究兴趣各有不同，各自的研究自成体系，但对语言和语言研究本质的认识是一致的，可归纳为以下几点：

1. 语言外研究

作为人类认知的一个域，语言与其他的认知域密切相关，体现了心理、文化、社会、生态等各因素的交互作用，若想揭示这种交互作用，就必须展开跨学科研究。

2. 语言内研究

相应地，对语言的理解和阐释（体现为词义）必须参照百科全书般的概念内容，即人们的常识，而且不把语言现象区分为音位、形态、词汇、句法和语用等不同的层次，而是寻求对语言现象的统一解释。

3. 对语言的理解

对语言进行统一解释的直接途径就是把语言看作人类认知过程范畴化、概念化的结果；范畴化以广义的原型理论为基础，存在于语言的方方面面，范畴化过程主要依靠隐喻投射和转喻投射；概念形成根植于普遍的躯体经验，特别是空间经验，这一经验制约了人对心理世界的隐喻性构建。

（二）认知语言学的哲学基础及其与结构主义、转换生成主义的分野

1. 认知语言学的哲学基础

语言学与其他人文学科有着密不可分的联系。哲学、逻辑学以及心理学等学科的发展

既形成了语言研究的背景，又必然对语言研究产生相关影响。一定时期的语言学总有自己占统治地位的基本观点，总是受当时占统治地位的哲学思潮的影响。“哲学观点被用来解释语言最普遍的规律，而语言反过来又对解释某些哲学问题起作用。”莱考夫称语言研究的老派为“客观主义”，新派为“经验主义”，又称非客观主义或经验现实主义。

为了区别哲学史上早期的经验主义和这里的经验主义，有学者建议将后者换成兰盖克的术语，并译为“体验哲学”。其主要观点是：

（1）思维不能脱离形体。人类认知结构来自人体的经验，并以感知、动觉、物质和社会的经验为基础，对直接概念和基本范畴以及意象图式进行组织和建构；（2）思维具有想象性。间接的概念（不是直接来源于经验的概念）是运用隐喻、转喻思维方式的结果，并以此超越对外部世界的直接映像或表征。正是这种想象力才产生了“抽象”的概念；（3）语言符号不是对应于客观的外部世界，而是与认知参与下形成的概念结构相一致，意义和推理也是基于以上概念与认知模式；（4）概念结构和认知模式具有完形特性。学习和记忆的认知过程依靠完形结构，而不是抽象符号的机械运算。

认知语言学与结构主义语言学的分别风行于20世纪上半叶，结构主义语言学的最大贡献就在于对语言系统本身进行了详细的描写，其最终目标就在于对语言结构本身的发现上，利用分布分析法对句子进行层次切分并对语义进行成分分析，视语义为义素的组合。语义范畴以经典的范畴观念为基础：范畴有明确的界限，范畴是由充分特征和必要特征的合取来定义的。凡是符合这些特征的个体就在这个范畴内，反之则在范畴外。义素分析即将意义单位分解为抽象的特征元素，并用这类特征的集束来定义基本语义单位。概念的类来源于客观世界里既定的范畴，与进行范畴化的主体无关，而范畴的归属是由概念的本质性决定的。这种看法是把语言的语义结构直接对应于客观世界的现实结构，人在形成语言的过程中不起主导作用，人的心理、文化、认知习惯等因素在语言形成中不起作用，人在形成语言的过程中就像一块“白板”，语言只是人们对外在客观世界的被动反映。

2. 认知语言学与转换生成语言学的区别

转换生成主义对语言的解释采用的是形式主义的方法，而认知语言学则是功能主义的，即前者把重点放在对语言形式结构的刻画上，而后者在取材上注重自然、实际的语料，重视语义、语用、话语的分析，并将形式上的规律诉诸非形式化的合乎直觉的外在解释①。

应该看到解释方式的不同，究其根本是对语言的看法的不同，前者把语言看作是天赋的，而天赋论的哲学基础是笛卡尔的唯理论。关于语言的本质，作为生成语言学奠基人的乔姆斯基的回答是“说本族语的人理解和构成语言的先天能力”，即把语言能力和语言运用对立，而将语言研究的对象确定为前者。而这种能力是人一生下来就具备的，这种存在于每个人的大脑中的句子生成机制就是全体人类都具有的普遍语法（Universal Grammar，简称 UG），而且这种语法是自足的，即语义和交际功能对句法规则进行干预的可能性从一开始就被排除，即“用符号操作的数学系统来描述语言……至于符号的意义和系统外的其

① 冯志伟. 应用语言学综论 [M]. 广州：广东教育出版社，1999.

他因素都可不予考虑”。与生成学派不同，认知语言学认为语言并非天赋，而是后天建构而成的。这就是瑞士心理学家皮亚杰提出的“建构论”，其在哲学上既反对狭隘的经验主义，也反对天赋理论，主张主客体的相互作用。皮亚杰认为认知结构最初来源于动作，他强调:“知识来源于活动，由于作用于新客体的活动反复多次，通过一般化而形成某种‘图’，因而‘图式’是一种实践的概念。”智能的发展就是通过建构图式从初级发展为更高、更复杂的图式的过程，如“动作图式——意象性思维图式——抽象性思维图式——逻辑数学图式”。皮亚杰认为在产生语言之前人就有智能，这时的智能是一个复杂的动作图式体系，而后发展起来的知觉能力、形成概念的能力和使用符号的能力都在此基础上产生，即语言产生晚于智能，只不过语言的出现能加速智能的发展。所以说语言虽是思维、认知的重要工具，但不是唯一工具。在他看来，语言是逻辑的结果，而不是逻辑的源泉和操作，逻辑较之语言更为根本。逻辑—数理结构起因于主体动作间的协调配合，而非来源于语言结构。总之，建构论强调逻辑—数理结构既不来源于客体，也不来源于主体，而是通过主客体相互作用最终合成的。

由此可以看出，其实不论是结构主义语言学的“极端经验论”，还是转换生成语言学的“笛卡尔唯理论”（两者坚持的是两个极端，前者强调一切心智来源于物理世界和大脑的生理过程，所有有意义的表述必须直接或间接地源于可观察到的事物及其属性，词语有明确的、能客观反映世界的意义，即语言来源于客观世界。后者则坚持心智与身体截然分离的二元论，智能的本质是思想，能够脱离身体而存在。语言作为抽象符号可以独立于任何机体的特性直接与世界上的事物对应，语言符号之所以获得意义是通过与外部世界发生联系，符号与意义严格分离，符号用于思维过程中的逻辑运算，意义用于外界事物的对应，即语言是一种抽象符号），本质上都认为意义、概念直接对应客观世界，无须个体的经验，不受个体特征的限制；知识主要是命题性的，有客观的对错之分，坚持语义的真值条件尺度，范畴化建立在外部世界所固有的特性之上，这些特性构成了某范畴成员的充分必要条件，也即两者有着共同的客观主义语义观，这也正是莱考夫将两者都称作“客观主义”的原因。而认知语言学则坚持了完全不同的哲学基础——经验主义，经验主义强调“通过对进行认知活动的生物体的身体构造和经验的研究来理解意义”，强调思维与身体密不可分:它根植于我们对外界的感知，受制于我们的物理构造和社会环境。同时，思维具有想象性，依赖隐喻、换喻和意象。

（三）认知语言学的基本理论观点

由于认知语言学学派众多，且各派研究方法、侧重点都不相同，现对一些最主要的观点加以总结。

1. 范畴化 / 概念化

范畴化问题是认知研究的中心论题，因为人们认知世界的过程，其实就是将其范畴化 / 概念化的过程。“如果语言学所做的可用一句话来概括，那它就是对范畴的研究。”应该指出，认知语言学的“范畴化”其实就对应于思维过程的概念化，与数学等严格意义上的范畴化并不相同，后者内部同质、离散，边界清晰，成员由充分必要的条件界定。在认知语言学家看来，自然语言中语义形成的过程就等同于概念化的过程，概念化的过程又是基于身体经验的过程，即认知过程。概念是概念化的结果，因此语义实际上也就等于概念，同时也是一个语义范畴。杰肯道夫主张概念和语义合二为一。

2. 原型观

范畴划分就本质而言是一个概念形成的过程，范畴是通过范畴成员之间的“家族相似性”（维特根斯坦语）建立起来的[①]。在范畴化中起关键作用的是“原型”，实体的范畴化是建立在好的、清楚的样本基础之上的，然后将其他实例与这样的样本进行对比，若它们在某些属性上具有相似性，就可归入同一范畴。这些好的、清楚的样本就是原型，它是非典型实例范畴化的参照点，这种与典型样本类比而得出的范畴就是原型范畴。

3. 意象图式观

意象图式是初始的认知结构、形成概念范畴的基本途径、组织思维的重要形式、获得意义的主要方式。意象图式的扩展是通过隐喻来实现的，而且当一个概念被影射到另一个概念时，意象图式在其间也发挥着关键的作用。我们通过在客观现实世界中的身体经验（如感知环境、移动身体、发出动力、感受力量等）形成基本的意象图式，然后用这些基本意象图式来组织较为抽象的思维，从而逐步形成我们的语义结构。因此，意象图式对我们研究人类的语义结构、概念系统、认知模型具有关键作用。人类在理解和推理过程中，各种各样的意象图式交织起来构成了经验网络，从而也就形成了语义网络。既然意象图式规定并制约了人类的理解和推理，那么语言中意义的形成就可以从意象图式的角度加以描述和解析。近年来，认知语言学家的大量实证研究说明，利用意象图式及其隐喻的观念可以对语言中错综复杂的语义现象（尤其是多义现象）做出简单而统一的解释。

4. 隐喻观

隐喻可通过人类的认知和推理将一个概念域系统地、对应地映射到另一个概念域，抽象性的语义主要是以空间概念为基础跨域隐喻而成的。隐喻不仅是个语言现象，人类的思维就是建构在隐喻之上的。从隐喻的认知功能角度划分，可分为结构隐喻、方位隐喻和本体隐喻。有时一些隐喻语言已成为普遍的日常语言，一般情况下，人们已意识不到它们的隐喻性质。这说明人们已不自觉地用自己熟知的具体事物来思考、谈论抽象的事物，从而赋予其具体事物的特征，以达到系统地描述表面上杂乱无章的抽象世界的目的。由此可见，隐喻式的思维方式和其他感知一样已经成为人们赖以生存和认知世界的基本方式。

5. 百科观

认知语言学家反对用真值条件来解释语义，也反对用成分分析法来认识语义，而是主张语义与人类的知识密切相关，应该运用百科式语义分析方法。语义根植于语言使用者和接受者的百科知识体系之中，不能在语言系统内部的横组合和纵聚合关系中求得解释，而

① 夏中华等．应用语言学—范畴与现况 [M]. 上海：学林出版社，2012.

只有在其他认知结构中才能被理解，这就要依赖人类的知识系统。因此，语义就与人们的主观认识、背景知识、社会文化等因素密切相关。

二、认知语言学对翻译教学的指导

（一）认知语言学指导外语教学的可行性

威尔金斯曾提出，语言学对外语教学有四种作用关系，这四种作用关系是：提供见解、提供启示、应用与无法应用。

提供见解：语言学可为人们提供有关语言的本质是什么和语言学习是怎样一个过程的知识。这些见解不一定构成教学内容，但有助于确立教学目标，如应当采用的教学方法和技巧以及如何安排教学内容的先后顺序等。也就是说，它对语言教学产生间接的作用。

提供启示：在实际教学过程中，教师可以在语言学理论的启示下做许多决定，按照语言学习的规律与特点确定具体传授的内容。

应用：语言学的一些相关概念和理论知识可以直接应用到教学活动中。

无法应用：指的是语言学中不能为教学提供启示和重要见解的那一部分内容。

这种观点较为全面和客观地揭示了语言学与外语教学的关系问题，为我们提供了衡量某种语言学能否应用于外语教学，以及能够在何种程度上应用于外语教学的标准。对照认知语言学，笔者认为认知语言学在三个层面均对外语教学产生作用。

1. 提供见解

认知语言学理论包含了对语言本质的认识，能在宏观层面指导外语教学和外语学习。认知语言学强调语义的体验型，强调人类习得语言的过程与人类认知世界的过程没有实质上的差别，人对世界概念化的过程也是逐渐形成语言概念的过程，语言知识与百科知识是不能分开的，所有对语言形式的分析不可能离开对意义和概念的分析，并且认为任何认知规律的获取应当是以大量语言事实为基础的。反映到外语教学当中，认知语言学指导下的外语教学同样应当是以学生为中心的，应当是侧重语义理解的。同时，认知语言学指导下的外语教学过程应当是遵循人类普遍认知规律的。

2. 提供启示

师生关系一直是教学的核心问题之一。现代外语教学中天平倾向“学生”一端。把注意力放到学生身上，从重“教”转向重“学”。韦弗和科恩指出：“在最近几十年间，语言教学的重点有明确的转变，转向学习者的个人需求，语言教师开始通过努力完成他们不同的语言学的、交际的、文化的目的来适应课堂上的个体学生，同时调整他们的教学策略以满足学生的不同语言教学需求。”这就与起初认为“教师是主导，学生只能服从”的教学观形成鲜明对比。教学活动同时也是学习活动，学生是这一活动的主体，了解他们的认知特点、认知模式对翻译教学大有裨益。认知语言学指导下的外语教学是以学生为中心的，而且侧重关注学生在外语学习时的认知模式，并检验认知语言学的既有理论模式是否对外语习得具有实际的正面效应。在这个意义上，认知语言学对外语教学具有启示作用。

3. 直接应用

认知语言学中的一些分析方法、理论模式可以应用到翻译教学当中，为教学程序提供合理建议。例如，认知语言学中的基本层次范畴理论表明，最先被儿童习得的、词形较简单的、构词能力较强的词一般都是基本层次范畴的词，这类词一般在日常对话中使用频率较高，因而在外语学习和教学中应受到高度重视，应在编写教材、编纂词典和教学实施过程中置于优先地位。

事实也证明，"认知语言学对于语言有了一些新认识，同时在语言习得研究方面的影响也是如此。在发掘看似纷繁复杂的语言结构的系统性及其背后的动因等方面也正在给翻译教学注入新的活力"。

（二）认知语言学指导翻译教学的基本原则

将认知语言学研究成果应用于翻译教学实践，需要从不同视角进行观察、分析、总结并进行原则性阐述。彭建武提出的在外语教学中引入认知语言学理论所必须遵循三个基本原则（相关性、层次性和适存性）对现实翻译教学提供了实际操作层面的指导，确立了理论应用于实践的标准①。

1. 相关性

应当深入了解教学上要解决的问题和目标，充分了解认知语言学中哪些理论与教学研究关系密切，哪些关系不大或没有关系，哪些研究性质一致，哪些能深化对教学方法的认识。应该说，相关性越大，移植越有效、越实用和越科学。任何理论都不是万能的，对认知语言学理论也是这样。任何理论都有其适用范围，不恰当地搬用只能是牵强附会，不可能深入教学实践的本质，也不可能触碰到真正的教学规律，也就不可能在实际意义上对翻译教学实践有所帮助。比如，隐喻理论是关于意义理解的理论，其适用范围应当是解释教学过程中与语义相关的内容，用其指导学生的发音和语调显然是不切实际的。

2. 层次性

翻译教学是一个系统工程，涉及诸多方面，这决定了教学研究的多层次性。这种多层次性要求我们在把认知语言学移植到翻译教学的过程中要有针对性，即对准教学研究的某个层次，而不是所有的层次。具体来说，教学当中通常包括语音、词汇和语法，或者说包括语法、语义和语用。我们并不排斥理论的多层次应用，有些理论，如概念化的原型理论，其适用面要广一些，可以指导词汇层面的教学，对语法层面的教学也有一定的启示作用，但试图用所有的认知语言学理论阐释所有层次的教学实践显然是不科学的。

3. 适存性

被移植的理论应适应教学要求，经得起检验和推敲，保证教学理论和实践方法健康稳定地发展。适存性是一个极为重要和关键的环节，它要求我们既要消除那些与实际教学不

---

① 皮特·科德，应用语言学导论[M].上海外国语学院外国语言文字研究所，译.上海：上海教育出版社，1983.

相适应的概念和内容，还要使能够移植的语言学理论得到更进一步的探讨，使其发展成适应教学需要的理论模式。对同一教学问题可移植不同的理论，但要使它们相互融合和统一。

这三个原则的提出，对我们在翻译教学中恰当地运用认知语言学理论具有非同一般的指导意义。对于每一个试图引入翻译教学的理论模式，都应当对照以上三个原则，只有符合这些原则，才应被认为是有效的、可行的，才有可能切实指导具体的教学实践。

（三）认知语言学指导翻译教学的基本思路

温格瑞尔和施密特指出，人们普遍认为，翻译教学应当以学习目标（最好是交际能力和跨文化能力的目标）、学习策略和教学方法（存在明显的行为取向和以学习者为中心的方法的倾向）为中心，但这种想法忽略了学习者认知方面的能力。如果得到合适的认知途径的支持，利用认知语言学的工具来研究和描写学习策略，那么学习策略就有望更成功。

由此可以看出，就授课目的和师生关系而言，认知语言学指导下的外语教学与以往的认知教学法和交际教学法并无根本的差异。利用认知语言学指导翻译教学，关键在于通过合适的途径，运用合适的理论，解决相应的问题。

以下笔者分别就范畴理论和隐喻理论，详细探讨认知语言学在翻译教学中的应用。这些理论的选择充分符合指导翻译教学的原则，阐述的重点是以上理论的应用途径。当然，认知语言学的其他一些理论同样可以指导翻译教学，但因篇幅所限，笔者将主要讨论以上理论的实际应用情况。

第二节　范畴理论在外语教学中的应用

一、范畴理论

（一）范畴和范畴化

最早对范畴进行系统研究的是古希腊的亚里士多德。他认为，一个判断当中要有主词和谓词，主词所属的范畴是“实体”，谓词所属的范畴包括“数量”“性质”“关系”“位置”“时间”“姿势”“状态”“活动”和“受动”。亚里士多德将“范畴”视为人类认识世界的逻辑工具。他虽然没有直接给范畴下过定义，但在其著作中反复阐释了对于范畴及范畴本质的认识。他指出，客观事物的表现形式是多种多样的，人们为了认识它们、把握它们，首先必须将各种事物分门别类，这样才能对不同的事物进行表征和研究。分门别类的过程需要通过反映事物本质的普遍概念，即范畴。

认知语言学对范畴概念给予了特别的关注。世界是由千差万别的事物组成的，等待人们去区分和认识。客观世界的事物又是杂乱的，人的大脑为了充分认识客观世界，就必须采取最有效的方式对其进行储存和记忆。人们对事物的认识不是杂乱的，而是从千差万别的客观事物的特性出发，形成感性认识，然后才能进一步地分析、判断，从而对世界万物进行分类和定位，形成抽象认识。这种主客观相互作用对事物进行分类的心理过程通常被称为“范畴化”，其结果即认知范畴。从认知语言学的角度来看，范畴和范畴化问题始终是认知研究的中心议题。

范畴是被我们归成一类的事物或事件组成的。范畴是反映事物本身属性和普遍联系的基本概念，是人类理性思维的逻辑形式。范畴化是人类高级认知活动中最基本的一种，在此基础上人类才具有了形成概念的能力，才有了语言符号的意义。离开了对范畴化的认识，语言将失去意义。范畴化的过程包括识别 / 区分、概括和抽象三个形式。在识别或区分过程中，人们对属于不同类别的刺激进行区分；在概括过程中，人们将具有共同属性的事物归为一类；在抽象的过程中，人们将某个范畴中的物体所具有的共同属性提取出来。莱考夫指出，没有范畴化能力，我们根本不可能在外界或社会生活以及精神生活中发挥作用。它不仅是人类通过对客观世界进行分类所获得的各种范畴标记的意义，也是人类认知和思考的根本方式，构建知识的途径之一就是建立范畴。就概念和范畴的关系而言，概念系统是根据范畴组织起来的，范畴指事物在认知中的归类，概念指在范畴基础上形成的意义范围，是推理的基础。因此，范畴化是范畴和概念形成的基础，范畴和概念是范畴化的结果。

（二）经典范畴理论、家族相似性范畴理论和原型范畴理论

对范畴的认识大致经历了经典范畴理论、家族相似性范畴理论和原型范畴理论三个历史阶段。认知语言学秉持原型范畴理论，它与传统的经典范畴理论有着根本的不同。认知语言学对范畴化的认识体现为强调范畴化过程的主观参与性，即范畴化过程不可能是完全客观的，是“主客观相互作用对事物进行分类的过程”。而范畴化的经典理论认为人的因素在意义形成过程中不起作用①。在从经典范畴理论向认知语言学原型范畴理论转变的道路上，家族相似性理论做出了突出的贡献。

1. 经典范畴理论

范畴化的经典理论特指与认知语言学范畴化的原型理论截然不同的传统范畴化观点，说它传统，是因为这一理论统治西方主流思想达两千年之久。其哲学本源是亚里士多德对本质属性和非本质属性的形而上学的区分，后来的笛卡尔主义和康德主义又强化了其二元对立的思想，两极中的一极理性受到推崇，而与理性相对立的人的主观因素则受到忽视和排斥。经典理论包含以下几个基本假设：

第一，范畴是由一组必要条件和充分条件联合定义的，判定一个认识对象是否属于某个范畴，就看它是否具备该范畴的必要和充分的条件。

“充分必要条件”是指描述一定语言符号所指概念范畴所必需的集合特征。这些集合特征是对客观世界中某一类实体的抽象概括，具体指解释一个词语所指概念所必须具有的条件。如果条件甲成立，概念乙就成立；反之，概念乙就不成立。

第二，界定范畴的标准是二分的，某一事物或者属于某个范畴，或者不属于某个范畴，

① 于根元. 应用语言学前沿问题 [M]. 北京：中国经济出版社，2006.

不存在第三种可能性。

第三，范畴具有明确的边界，范畴一旦建立，就将万物分为两类——范畴成员和非范畴成员。没有模棱两可的情况，没有“以某种方式”或者“在某种程度上”属于某一范畴的成员。

第四，同一范畴内的所有成员地位均等。任何具备了范畴定义的所有属性的事物都是该范畴的成员，不具备所有定义属性的任何事物都不是范畴成员。范畴内的成员没有隶属程度的差别。

这种范畴观作为基本理论假设被现代科学普遍接受，并且很好地说明了自然科学体系中的一些经典概念。在语言学界，结构主义语言学借鉴了这种经典范畴观来讨论词义，由此建立了语义特征理论。这一理论认为一个词语的意义可以分析为一组区别性语义特征，这些特征是这一词语所指的一个范畴内部的每一个成员都必须遵守的语义特征，正是这些特征所指称对象和世界上的其他对象区别开来。这种语义特征分析的应用使语义学的研究前进了一大步，从此词义不再被看作混沌一团的整体，而被视为可以分解的语义特征的集合。在传统的词典释义中，概念结构是建立在这种“充分必要条件”上的。经典理论曾普遍存在于哲学、心理学、语言学和人类学等领域并对上述学科的研究做出了一定的贡献。由于它的应用，客观事物被视为可以分解的集合，经典范畴理论使人类借助范畴这一逻辑工具对杂乱无章的客观现实世界有了一定的认识。亚里士多德所创的经典范畴理论在人类认识领域的主导地位一直持续到维特根斯坦时期。

2. 家族相似性范畴理论

随着时间的推移以及人类科学水平和认知水平的提高，人们渐渐发现，亚里士多德的范畴模式具有其自身的局限性。经典理论受到了来自实用主义哲学和认知科学的有力挑战，因为高度理性化，抽象化的二元划分会给人们带来绝对化的认识方法，使人们习惯于用两级化的思维模式去认识事物，故而不能全面地、正确地反映客观现实。

英国哲学家维特根斯坦对亚里士多德的经典学说提出了批判。在维特根斯坦的《哲学研究》发表之前，范畴一直被认为是没有问题的，被视为抽象的包容物，事物要么在范畴之内，要么在范畴之外，事物只有具有某些共同的属性才能处于相同的范畴，事物所具有的共同属性被视为范畴的决定因素。后来，以维特根斯坦为首的实用主义哲学家发现高度理想化、抽象化的认识方法不能反映客观现实的复杂性，现实世界中某些范畴之间的界限并不清楚，范畴成员的归属不能仅靠一组区别性特征简单判断，因而提出了著名的“家族相似性理论”。罗施和梅尔维斯将该理论表述为：“每个项目与一个或多个其他项目至少有一个，也可能是几个共有成分，但是没有或者很少几个成分是为全部项目所共有的。”维特根斯坦以范畴 GAME（游戏 / 比赛）阐明自己的观点：下棋、打牌、球赛、奥林匹克比赛、象棋、圈叉棋等都称为 GAME，其中有的活动是为了输赢，有的是为了娱乐，有的依靠运气，有的是技巧和运气兼而有之，但这些特征中没有一条是共有的，且上述游戏并非靠这组特征被归为一类的，范畴内存在的是互相重叠交错的家族相似性特征。也就是说，范畴建立的基础是部分成员的相似性特征，而非所有成员的共同性特征。范畴中的每一个成员与另一个成员之间总是有相似之处，但两个成员之间的相似之处不一定为第三个成员所享有；范畴中各成员之间具有一种互相重叠、交叉的相似关系网；而且，随着列出并被比较的成员的增多，各成员之间共同拥有的相似之处越来越少，直至最后找不到这个范畴内所有成员所共同拥有的一个相似之处。正是这种相似关系而不是共同特征（类似于人类社会的家族成员之间的那种相似关系）维持了该范畴的存在。维特根斯坦实际上揭示了日常语词的语义范畴的下列属性:（1）一个语义范畴内的成员不是由一组共同的语义特征决定的，而是由家族相似性所决定的，即语义范畴内的成员之间总是享有某些共同语义特征;（2）语义范畴的边界是开放的、模糊的，无法明确地加以界定;（3）语义范畴内有的成员比其他成员享有更多的共同语义特征，各成员的地位是不平等的。

3. 原型范畴理论

维特根斯坦的“家族相似性”理论提出后，在哲学界、心理学界、语言学界和文化界引起了巨大的反响。拉波夫和罗施等在维特根斯坦家族相似性原理的基础上，通过一系列实验得出结论，对经典范畴理论提出了全面的挑战，将范畴化视为认知研究中最重要的内容之一，并运用实验的方法加以研究，以确定范畴成员的隶属度，证明许多自然范畴都具有维氏所说的“家族相似性”。罗施首先提出了“原型”这个术语，用以表示范畴的典型成员，并创立了原型范畴理论，将其视为认知心理学的一项重要内容，这是对经典范畴理论的一次革命。

罗施用“原型”这一术语代替焦点，指出各种颜色的原型是其焦点色，在颜色范畴中具有最重要的地位，位于相关光谱的中心区域，是颜色范畴中的最佳样本。

罗施后来将实验从颜色范畴扩展到其他范畴，如 bird、fruit、furniture、vegetable、tool、weapon、toy、vehicle、sport、clothing 等，主要通过问卷形式调查了两百多位美国大学生，对范畴中的成员进行隶属度等级识别，论述了“原型”这一概念是进行范畴化的重要方式，是范畴中最具代表性、最典型的成员，最佳样本或范畴的原型成员，也可视为范畴中的无标记性成员，可作为范畴中其他成员（可视为标记性成员）在认知上的参照点，又叫作认知参照点，进而提出了原型范畴理论和原型效应理论[①]。如 BIRD 这一范畴，“知更鸟”比“鸡”“企鹅”“鸵鸟”更具有代表性。我们经常会认为企鹅更像知更鸟，而一般不会想到知更鸟更像企鹅。有关知更鸟的新信息更加可能会被赋予企鹅，而反过来的可能性较小。

罗施及其同事提出的“原型范畴理论”的基本观点是：

第一，实体是根据它们的属性加以范畴化的，属性经常是一个连续的标度。对实体进行范畴化不是依据该实体是否具有某一属性，而是它的基本特征在多高程度上接近典型特征。

第二，属性不是抽象的实体，而是说话人可以掌握的真实世界中的实体的性质，这里

① 于根元 . 应用语言学概论 [M]. 北京：商务印书馆，2003.

属性不局限于有形的性质。换句话说，属性可能是功能性的（它们涉及实体的使用）或互动性的（它们涉及人们认知事物的方式）。范畴的属性并非一些与主体无关的固有本质特征，它是事物性质的心理体现，与人们的认知和现实的互动模式密切相关，范畴的形成离不开人的生理、心理以及实体在特定文化中所起的作用等因素。因此，属性被看作是语义派生出来的。因此，尽管“原型”经常用来指范畴内的最佳成员或典型代表，但原型更确切的含义是指作为范畴核心的图示化的心理表征，是范畴化的认知参照点，其最佳成员只是原型的个例。

第三，区别一个范畴时，没有任何一个属性是充分必要的。实体的范畴化是建立在好的、清楚的样本的基础之上的，然后将其他实例根据它们与这些典型的、清楚的样本在某些/一组属性上的相似性而归入该范畴。这些好的、清楚的样本就是典型（原型），它们是非典型事例范畴化的参照点。这种根据与典型事例类比而得出的范畴就是原型范畴。

第四，范畴内的成员在说话人的心目中的地位并不相等。原型是一个概念范畴中最典型的、最具有代表性的成员，而其他成员具有不同程度的典型性，范畴内的成员之间具有等级性，范畴的边缘是模糊的。

二、范畴理论在翻译教学中的应用

范畴理论在翻译教学中的应用主要体现在对作品中词汇的理解上。在翻译教学中如果词汇理解不准确，很容易造成对语篇的错误理解。词汇教学一直以来是外语教学中的一个重要组成部分。然而，语言单位形式和意义之间往往不是一一对应的关系，同一个词可以用于指代不同的事物或不同的场景，这种一词多义现象在语言中十分普遍。如何利用语言学理论指导多义词词汇教学，成为外语教学中一项非常迫切的任务。传统的做法是将一个多义词中的不同意义都给予同等地位，各个义项之间没有必要的关联，教师的任务是分别讲授各个义项，对意义产生的理据不予关注或不予充分关注。

词汇的准确理解离不开对词汇意义的掌握，尤其是对于一词多义的情况，学习者往往会感到无所适从。然而利用原型范畴理论，可以提高词汇学习的效率，这一点可以从二语习得的实践中得到证实。二语习得理论将词汇习得的过程分为循环出现的两个阶段，即语义化阶段和巩固提高阶段。在第一阶段，学习者将词汇的形式与意义相连接；在第二阶段则将新习得的词纳入学习者的永久记忆，该阶段是更深一层的加工过程，同时也增加了习得词汇的语用、社会和隐喻特征。这两个阶段密切相关，如果习得词汇在第一阶段未能充分语义化，第二阶段的巩固提高就不可能实现。语义网络理论对巩固提高阶段的语义存储方式具有很强的阐释力。

语义网络理论的基本假设使所有学习者个体的陈述性知识都体现在由节点和路径构成的网络中。新的知识点要习得，即被储存在相关的知识网络中，应能够引起学习者对早期相关知识的检索。这些新的知识点和早期相关知识同样能刺激学习者产生其他新的知识点，它们无论是由环境所提供的还是由学习者自己所产生的，都依附在学习过程中被激活的早期相关知识周围①。在这个知识网络中能产生大量的检索路径，与某个信息单元相连接的检索路径越多，这个信息就越容易回忆。如果某个检索路径失败，信息将会通过另一条检索路径被重新构建。学习者通过推理、引申、举证、图示或其他将新信息与旧信息相连接的方式学习或产生信息。在这个阶段中连接与加工越活跃，词汇习得就越容易实现。

认知语言学家认为，将多义词汇的各个意义一一列出（词典学描写多义词语义结构的方法），并不是最有效的储存语义信息的方式。“相反，一种网络状的储存模式具有认知真实性，且允许义项之间有最多的共享信息或相关信息。”网络结构反映了概念结构，也反映了一个多义词各个义项间的关系。这种多义词的语义表征方式与传统表征方式有很大不同：语义网络中各个义项的地位是不相同的，具有层次差别；各个义项对语境的依赖程度亦不相同；如果说这个网络中有一个义项是中心成员，那么其他义项都通过网络状联系与中心成员直接相关或间接相关。通常，这个中心成员被认为是整个语义范畴的“原型”。

在词汇的语义网络中，每个节点代表特定的义项，节点之间的连线（路径）代表作用于意义扩展的认知规律。这些节点均由一个中心节点延伸出来，这个中心节点通常被认为是整个词汇范畴的原型意义。认知语言学的这种观点是心理词库理论的体现。认知语言学家不认为心理词库是由边界清晰的词汇范畴构成的，他们认为词库是一个由形式和意义结合体组成的高度复杂和精细的网络，其中每个形式都有一个语义网络。与传统观点相比，这种研究认为词库内部的关系具有更多的理据性和较少的任意性。对多义现象来说，节点之间的联系类型就是词汇义项之间的关系类型，词汇语义网络理论中对节点之间的可能联系类型的研究具有突出价值。

尽管语义学的传统研究早已提出多义词汇语义结构包括辐射型、链型和辐射链型三种，认知语言学的语义网络理论仍具有不同于以往学说的阐释力。多义词的结构主义模式的研究目的在于描写词汇意义的共同的具体语义成分，而认知语言学词汇网络模式的宗旨则是揭示存在于人的身体经验和思维感知中的意象图示，这些图示对解释义项间的联系起到本质性的作用。与传统的词汇意义表征的方式不同，词汇语义网络这种表征形式具有认知现实性。网络所表征的词汇单位的各个义项之间的联系不是任意的，而是具有自然属性的，反映了人类掌握和储存信息的方式。正是由于意义之间的联系具有自然属性，多义现象才会如此普遍地存在。通过网络表征，可以将高度抽象的意义呈现为一个由内部关联的义项构成的结构体，这是认知心理学关于人类范畴化理论应用到语言学研究领域的结果。虽然认知语言学的网络分析是对词汇单位进行语义分析，从本质上说是语言学性质的，但该项分析所赖以进行的理论框架却在很大程度上提供了一个关于语言和认知之间关系的独特观点。

① 于根元.二十世纪的中国语言应用研究 [M]. 太原：书海出版社，1966.

参考文献

[1]Krashen S.D. Second Language Acquisition and Second Language Learning[M].Oxford：Pergamon，1981.

[2] 何兆雄 . 语用学文献选读 [M]. 上海：上海外语教育出版社，2003：370-372，374.

[3] 教育部高等教育司 . 大学英语课程教学要求 [M]. 北京：高等教育出版社，2007：1-4.

[4] 况新华，谢华 . 国内语用学研究概述 [J]. 外语与外语教学，2002(06)：6-8.

[5] 骆裴娅 . 经济语言学视域下的广告语言 [J]. 重庆工学院学报，2009(04)：142-145.

[6] 李健 . 认知图式理论在翻译教学中的应用 [J]. 长春工程学院学报（社会科学版），2014，15(02)：146-148.

[7] 梁雪松 . 外贸产品样本的典型误译与评析 [J]. 中国科技翻译，2009(01)：30-31.

[8] 吕立松，穆雷 . 计算机辅助翻译技术与翻译教学 [J]. 外语界，2007(03)：35-43.

[9] 苗菊，朱琳 . 认知视角下的翻译思维与翻译教学研究 [J]. 外语教学，2010(01)：98—100.

[10] 唐庆华 . 试论语言学研究的跨学科趋势 [J]. 学术论坛，2009(07)：150-154.

[11] 王爱琴 . 基于本土实用文本的翻译教学 [J]. 中国科技翻译，2009(04)：29.

[12] 武光军 . 翻译课程设计的理论体系与范式 [J]. 中国翻译，2006(09)：14-16.

[13] 向明友 . 论言语配置的新经济原则 [J]. 外语教学与研究，2002(05)：309-316.

[14] 杨自俭 . 语言多学科研究与应用 [M]. 南宁：广西教育出版社，2002.

[15] 张新红，何自然 . 语用翻译：语用学在翻译理论中的应用 [J]. 现代外语，2001(03)：286-292.

[16] 赵海燕 . 认知图式理论在商务翻译教学中的应用 [J]. 长春金融高等专科学校学报，2013(01)：55-57.

[17] 仲伟合 . 译员的知识结构与口译课程设置 [J]. 中国翻译，2003(04)：27.